Operazione Galvanic

OPERAZIONE GALVANIC

First edition. June 26, 2021.

ISBN: 979-8201817435

Written by Daniel Wrinn.

Operazione Galvanica

Nell'agosto del 1943, l'ammiraglio Spruance, comandante della forza navale del Pacifico centrale, incontrò in segreto il generale Julian Smith e altri ufficiali di stato maggiore della 2a divisione dei marine. L'ammiraglio Spruance disse ai marines di prepararsi per un assalto anfibio nelle isole Gilbert entro novembre. I Marines erano ben consapevoli delle Isole Gilbert. Sotto il colonnello Evans Carlson, il 2nd Marine Raider Battalion aveva attaccato Makin solo un anno prima. L'intelligence riferì che i giapponesi avevano fortificato l'isola di Betio nell'atollo di Tarawa. I marines imperiali giapponesi custodivano una pista di atterraggio che l'ammiraglio Spruance designava come obiettivo principale per i 2nd Marines.

Il colonnello Shoup era l'ufficiale operativo del generale Smith. Studiò la carta primitiva di Betio e vide che la piccola isola era circondata da una barriera corallina. Il colonnello Shoup ha chiesto se sarebbe stata fornita una qualsiasi delle barche sperimentali di plastica a pescaggio ridotto della Marina. Era deluso nel sentire che solo il solito mezzo da sbarco in legno sarebbe stato disponibile per questo assalto. L'operazione su Tarawa era diventata uno spartiacque tattico. Questo sarebbe il primo test su larga scala delle forze anfibie americane contro una testa di ponte fortemente fortificata. L'assalto dei marine all'isolotto dell'atollo di Tarawa, Betio, fu uno dei più sanguinosi del teatro del Pacifico della seconda guerra mondiale. Dopo l'assalto, la rivista Time ha pubblicato la sua analisi post-battaglia:

> *"Oltre tremila marines degli Stati Uniti, per lo più ora morti o feriti, hanno dato alla nazione un nuovo nome per stare dietro a quelli di Concord Bridge, Bon Homme Richard, Little Big Horn, Alamo e Belleau Wood. Questo nuovo nome è Tarawa".*

Il piano Yogaki

Le Isole Gilbert comprendono sedici atolli sparsi lungo l'equatore nel Pacifico centrale. L'atollo di Tarawa si trova a oltre 2.000 miglia a sud-ovest di Pearl Harbor e 540 miglia a sud-est delle Isole Marshall. Betio è l'isolotto principale dell'atollo di Tarawa.

Tre giorni dopo Pearl Harbor, i giapponesi sequestrarono Makin e Tarawa agli inglesi. Dopo un raid nell'agosto 1942, i giapponesi si resero conto della loro vulnerabilità nella catena dell'isola di Gilbert. Dopo l'attacco, la 6th Forza di atterraggio navale speciale di Yokosuka fu inviata nelle isole, guidata dall'ammiraglio Saichiro, un noto ingegnere. Diresse la costruzione di posizioni difensive avanzate e sofisticate sull'atollo di Tarawa. La visione dell'ammiraglio Saichiro era di rendere Tarawa così formidabile che qualsiasi assalto anfibio americano si sarebbe fermato sul bordo dell'acqua e avrebbe permesso ai giapponesi di annientare la forza da sbarco.

La strategia giapponese è stata delineata nel Piano Yogaki. Il suo scopo principale era difendere la Micronesia orientale da un'invasione alleata. L'ammiraglio Nimitz ha preso sul serio la minaccia giapponese di contrattacco con bombardieri, sottomarini e la loro principale flotta da battaglia. L'ammiraglio Nimitz disse a Spruance: "Entra e vattene". Il tema generale di questo assalto all'isola era quello di catturare gli obiettivi di Gilbert Island alla velocità della luce.

Il nome in codice "Operazione Galvanic" è stato assegnato dai capi di stato maggiore congiunti per catturare Tarawa e Makin nelle Isole Gilbert. Alla 2a divisione dei marine fu data l'invasione di Tarawa mentre la 165a squadra di combattimento del reggimento dell'esercito avrebbe assalito Makin. Tutti e tre i comandanti delle forze da sbarco assegnati all'operazione Galvanic avevano il cognome Smith. Il generale anziano era Holland "Howling Mad" Smith, che comandava il V Corpo anfibio. Il generale Julian Smith comandò i 2nd Marines. E il generale Ralph Smith era a capo della 27a divisione di fanteria.

L'ammiraglio Kelly Turner, un veterano della sanguinosa campagna di Guadalcanal, ricevette il comando di tutte le forze d'assalto anfibie per l'operazione Galvanic. L'ammiraglio Turner era accompagnato dal generale Holland Smith e ricevette la Task Force 52 per l'assalto a Makin.

All'ammiraglio Harry Hill fu assegnato il comando della Task Force 53 per l'assalto a Tarawa. Il generale Julian Smith e l'ammiraglio Harry Hill hanno discusso dei piani a bordo della corazzata Maryland. Questi due ufficiali non potrebbero essere più diversi. L'ammiraglio Hill era impetuoso e schietto, mentre il generale Smith era riflessivo e riservato. Hanno lavorato bene insieme e hanno delineato un piano per l'assalto alle Isole Gilbert. L'ammiraglio Spruance ha fissato il D-Day per il 20 novembre 1943.

Il colonnello Shoup ha escogitato uno schema per affrontare le barriere coralline di Betio. I Marines hanno utilizzato LVT-1 (Landing Vehicle Tracked o "Alligators"), un trattore anfibio, durante Guadalcanal. Gli Alligatori erano veicoli logistici non armati. Non erano navi d'assalto, ma veri anfibi, in grado di essere lanciati in mare e muoversi attraverso onde moderate per raggiungere la riva. Il colonnello Shoup ha discusso la potenziale idea di utilizzare la nave d'assalto LVT con il comandante del 2° battaglione di trattori anfibi, il maggiore Henry Drews. Al maggiore piacque l'idea, ma avvertì Shoup che molti trattori erano in cattive condizioni dopo la campagna di Guadalcanal. Il Mag. Drews poteva fornire solo settantacinque Alligatori, non abbastanza da trasportare tutte le ondate d'assalto. Peggio ancora, i trattori a scafo sottile erano vulnerabili al fuoco nemico e avrebbero avuto bisogno di una corazza. Il colonnello Shoup ordinò al maggiore Drews di modificare i trattori con qualsiasi corazzatura che potesse scroccare insieme.

Il generale Julian Smith sapeva che gli LVT-2 corazzati, conosciuti come "Water Buffalo", erano immagazzinati a San Diego. Ha presentato una richiesta urgente per l'invio immediato di cento nuovi modelli. Il generale Holland Smith ha approvato la richiesta mentre l'ammiraglio Turner non è stato d'accordo. La discussione è stata intensa. L'ammiraglio Turner non ha contestato la necessità per i marines di avere una capacità di attraversamento della barriera corallina. Ha obiettato al fatto che questi veicoli appena ordinati avrebbero dovuto essere trasportati a Tarawa. Richiederebbero LST (Tank Landing Ships). La bassa velocità degli LST (8 nodi max) richiederebbe un convoglio aggiuntivo, scorte indipendenti e un aumento del rischio di perdere l'iniziativa e la sorpresa strategica. Il generale Smith ha ridotto il dibattito all'essenziale

“Nessun, nessuna operazione".

L'ammiraglio Turner alla fine accettò, ma non sarebbe stata una vittoria completa per i 2nd Marines. Cinquanta dei nuovi cento LVT-2 avrebbero sostenuto lo sbarco dell'esercito a Makin contro un'opposizione più leggera. I veicoli dei Marines programmati per l'arrivo non sarebbero arrivati in tempo per qualsiasi addestramento di lavoro o atterraggio di prova. La prima volta che la fanteria dei marine avrebbe posato gli occhi sugli LVT-2 sarebbe stata nelle ore prima dell'alba del D-Day di Tarawa, se mai.

Task Force 53

Le truppe di sostituzione si riversarono in Nuova Zelanda. Il generale Smith ha chiesto la riassegnazione del colonnello Edson come capo di stato maggiore della sua divisione. Il focoso colonnello Edson era ormai una leggenda del Corpo dei Marines per le sue imprese eroiche a Guadalcanal. Ha lavorato instancabilmente per forgiare le nuove reclute e i veterani in un'efficace squadra d'assalto anfibio. I rapporti dell'intelligence di Betio erano sorprendenti. L'isola era priva di qualsiasi fortificazione naturale per nascondere il fuoco nemico. E troppo stretto, inibendo qualsiasi spazio di manovra, che ha favorito i giapponesi. Betio era di 800 iarde nel suo punto più largo e lungo meno di tre miglia. Inoltre non conteneva alcuna elevazione naturale superiore a dieci piedi sul livello del mare. Il colonnello Edson osservò che ogni luogo dell'isola poteva essere coperto da mitragliatrici e colpi di fucile diretti.

Queste elaborate difese furono preparate dall'ammiraglio Saichiro. Ha usato campi minati, lunghe stringhe di filo spinato per proteggere gli approcci alla spiaggia e bunker e bunker di cemento e acciaio. I giapponesi costruirono una barriera di corallo e tronchi intorno a gran parte delle isole. Usano trappole per carri armati per proteggere bunker di comando fortificati e postazioni di fuoco nell'entroterra della spiaggia. Dei cinquecento fortini dell'isola, la maggior parte era coperta da lastre d'acciaio, tronchi e sabbia.

I difensori giapponesi sull'isola avevano fucili navali da 8 pollici montati su torretta, "cannoni Singapore". Avevano anche molti cannoni antiaerei, anti-barca, di difesa costiera di grosso calibro e artiglieria da campo e obici. Avevano un'abbondante quantità di mortai da 50 mm, mitragliatrici pesanti da 13 mm a doppio scopo e carri armati leggeri con cannoni da 37 mm. Ad agosto, l'alto comando giapponese ha sostituito

Saichiro con l'ammiraglio Shibasaki, un ufficiale con la reputazione di essere più un combattente che un ingegnere.

L'intelligence stimava che la forza totale della guarnigione nemica su Betio fosse di 4.800 uomini. Ventiseicento di loro erano marines imperiali giapponesi, truppe navali di prim'ordine, soprannominate "i migliori di Tojo". Il 1 ° Battaglione Raider del colonnello Edson aveva preso quasi 100 vittime nella lotta contro Tulagi da queste truppe navali giapponesi d'élite nell'agosto precedente. L'ammiraglio Shibasaki si vantava che un milione di americani non avrebbero potuto prendere Tarawa in cento anni. Il suo ottimismo era comprensibile all'epoca, perché Tarawa era l'isola più difesa mai invasa dalle forze alleate nel Pacifico.

La Task Force 53 aveva un disperato bisogno di informazioni dettagliate sulla marea. Il colonnello Shoup era fiducioso che gli LVT potessero superare la barriera corallina con qualsiasi marea. Tuttavia, il resto dei carri armati, dell'artiglieria, delle truppe d'assalto e delle forze di riserva dovrebbe sbarcare a bordo di navi Higgins (LCVP). La profondità dell'acqua sulla barriera corallina era di quattro piedi, era sufficiente per far galleggiare una barca Higgins carica. Se meno di quattro piedi, le truppe avrebbero bisogno di guadare diverse centinaia di metri a terra contro una serie di micidiali armi giapponesi.

Un ufficiale della riserva neozelandese, con quindici anni di esperienza nella navigazione nelle acque di Tarawa, ha predetto: "Non ci saranno nemmeno 3 piedi d'acqua su quella barriera corallina quando inizierà l'assalto".

Il colonnello Shoup prese sul serio il suo avvertimento e si assicurò che tutte le truppe sapessero in anticipo che ci sarebbe stata una probabilità del 50% di dover guadare a terra. Oltre ai vincoli fisici dell'isola e alle scoraggianti difese giapponesi, il colonnello Shoup ha proposto un piano di atterraggio che includeva un bombardamento preliminare e il sequestro anticipato delle vicine isole Bairiki, da utilizzare come base di fuoco dell'artiglieria e atterraggio di esca. Il generale Smith portò questa proposta a Pearl Harbor e la raccomandò agli ufficiali significativi coinvolti nell'operazione Galvanic: ammiragli Spruance, Turner e Nimitz e il generale Holland Smith.

Le restrizioni imposte dal CinCPac facevano riflettere. L'ammiraglio Nimitz dichiarò che il requisito della sorpresa strategica avrebbe limitato qualsiasi bombardamento di Betio a sole tre ore la mattina del D-Day. Ha anche escluso il sequestro anticipato di Bairiki e qualsiasi atterraggio di esca per difendersi dalla flotta giapponese. A peggiorare le cose, il generale Holland Smith annunciò che il 6° Marines sarebbe stato trattenuto e utilizzato come forza di riserva. Le opzioni tattiche della 2a Divisione Marine erano state eliminate. Ordinato un assalto frontale contro i denti delle difese giapponesi su Betio con solo tre ore di bombardamento. Senza che il 6° Marines attaccasse la fortezza dell'isola, ciò significherebbe solo una superiorità delle truppe di 2:1, ben al di sotto del minimo dottrinale.

Il colonnello Shoup tornò in Nuova Zelanda e preparò un ordine operativo modificato e scelse le spiagge di sbarco. La punta sudoccidentale di Tarawa, vicino all'ingresso della laguna, sembrava il profilo di un uccello crestato sdraiato sul dorso. I giapponesi concentrarono le loro difese sulle coste meridionali e occidentali (testa e dorso dell'uccello). Le spiagge settentrionali avevano acque lagunari più tranquille e una sola eccezione mortale. Le difese in questo settore erano incomplete, ma venivano migliorate quotidianamente. Un molo di mille iarde che si protendeva a nord sopra la barriera corallina nelle acque più profonde della laguna (le zampe dell'uccello, che sporgono verso l'alto) era un obiettivo logistico attraente. Scelse la costa settentrionale per le spiagge dello sbarco, ma non c'era una via di accesso sicura.

La sponda settentrionale di Betio dalla linea di partenza all'interno della laguna è stata designata per le tre spiagge di sbarco, ciascuna di 600 iarde di lunghezza. Spostandosi da ovest a est, Red Beach One, formava il becco e il collo dell'uccello dalla punta nord-occidentale di Betio fino a un punto appena ad est, Red Beach Two formò il petto dell'uccello dalla giunzione al molo, e Red Beach Three dal molo verso est. Green Beach sulla sponda occidentale, insieme ad altre spiagge, sarebbe designata come contingenze.

Il generale Smith progettò di sbarcare con due reggimenti affiancati e uno di riserva. Perdere il 6° Marines lo ha costretto a fare un cambiamento significativo. Il piano modificato del colonnello Shoup ora assegnava il 2° Marines, rinforzato da 2/8 (2° Battaglione, 8° Marines) come principale forza d'assalto. Il resto dell'8° Marines costituirebbe la riserva divisionale. Un sequestro anticipato del molo da parte del tenente. Il plotone Scout-Sniper di Hawking avrebbe preceduto l'assalto principale.

Il generale Smith ha programmato un'esercitazione anfibia su larga scala a Hawkes Bay il 1 novembre. Ha pianificato che i camion della Nuova Zelanda riportassero gli uomini a Wellington alla fine per un grande ballo. L'intera 2a Divisione Marine salì a bordo delle sedici navi anfibie per l'esercitazione di routine. Era tutto uno stratagemma. Le navi levarono l'ancora e si diressero a nord per iniziare l'operazione Galvanic.

La Task Force 53 si riunì nelle Nuove Ebridi il 7 novembre. L'ammiraglio Hill arrivò a bordo del Maryland. Ora che i marine erano perfettamente consapevoli e le operazioni erano in corso, erano più interessati ai quattordici nuovi carri armati Sherman a bordo dell'Ashland. La 2nd Marine Division non aveva mai operato prima con carri medi. Gli sbarchi di prova hanno fatto ben poco per preparare i marines per l'assalto a Betio. Le portaerei e le ali aeree stavano assaltando altri bersagli nelle Salomone. I carri Sherman non avevano un posto dove scaricare: i nuovi LVT-2 erano ancora da qualche parte a nord, in rotta per Tarawa. E le elicotteri navali stavano bombardando l'isola di Erradaka, lontano dalle truppe che sbarcavano a Mele Bay.

Un aspetto positivo delle prove di assalto anfibio era che i marines potevano esercitarsi a imbarcarsi su gommoni. Nella flotta navale prebellica, il primo battaglione di ogni reggimento era designato Battaglione gommoni. Questo sito comune di una mini-flottiglia ha ispirato i fischi di altri Marines. La principale questione controversa durante la critica post-prova era il piano di fuoco navale. L'isola bersaglio avrebbe ricevuto la più grande concentrazione di spari navali nella guerra fino ad oggi. L'ammiraglio Turner era ottimista sul risultato; ha chiarito i suoi piani che non intendevano semplicemente neutralizzare o distruggere l'isola, ma cancellarla. Il generale Smith ha ricordato agli alti ufficiali di marina che i marines hanno attraversato la spiaggia con le baionette. La loro unica armatura sarebbero le camicie color kaki.

Mentre si trovava nelle Nuove Ebridi, il colonnello Marshall, il comandante del Combat Team Two, si ammalò troppo per continuare. Il generale Smith ha promosso il colonnello Shoup per alleviare il colonnello Marshall. Shoup conosceva i 2nd Marines e conosceva il piano. L'architetto era ora l'esecutore.

Una volta in viaggio, l'ammiraglio Hill ordinò ai vari comandanti della Task Force 53 di informare le truppe sulla destinazione e sulla missione. Tarawa è stata una sorpresa per la maggior parte degli uomini. Molti avevano creduto di essere diretti a Wake Island. Il giorno prima del D-Day, il generale Smith inviò un messaggio agli ufficiali e agli uomini della 2a divisione. Nel suo messaggio, ha rassicurato i suoi uomini che la Marina sarebbe rimasta e avrebbe fornito supporto durante la campagna, a differenza della campagna di Guadalcanal. Le truppe ascoltarono attentamente queste parole che provenivano dagli altoparlanti:

"Siamo imbarcati in una grande offensiva per distruggere il nemico nel Pacifico centrale. La Marina controllerà la nostra operazione e sosterrà il nostro attacco domani con la più grande concentrazione di spari navali e bombardamenti aerei nella storia della guerra. La Marina rimarrà con noi finché il nostro obiettivo non sarà stato raggiunto. Le truppe della guarnigione sono già in viaggio per soccorrerci non appena avremo completato il nostro lavoro. Buona fortuna e Dio vi benedica tutti".

Mentre il sole tramontava sulla Task Force 53 la sera di D meno 1, sembrava che fosse stata raggiunta una sorpresa strategica. Altre buone notizie arrivarono con il rapporto che piccoli convogli di LST che trasportavano gli LVT-2 arrivarono sani e salvi dalle Samoa e si erano uniti alla formazione. Tutti i pezzi si stavano unendo.

D-Day at Betio

Poco dopo la mezzanotte del D-Day, gli affollati trasporti della Task Force 53 arrivarono al largo di Tarawa. I marinai applaudirono mentre l'impianto di diffusione sonora ha suonato l'Inno ai Marines 2/2 che si arrampicavano sui lati e giù per le reti di carico alle 03:20.

Questo è stato quando le cose hanno iniziato ad andare storte.

L'ammiraglio Hill, il comandante della task force anfibia, si rese conto che i trasporti erano nell'ancoraggio sbagliato. Ha ordinato alle navi di supporto antincendio di spostarsi immediatamente nel sito corretto. Mentre il mezzo da sbarco ondeggiava sulla scia delle navi, diversi marines erano a metà delle reti da carico quando le navi inaspettatamente salparono l'ancora. I mari agitati hanno reso pericoloso nell'oscurità abbinare gli esatti LVT con le loro squadre d'assalto assegnate.

Pochi piani tattici sono sopravvissuti ai primi round di esecuzione di questa operazione anfibia. Il piano del D-Day prevedeva che l'ondata di assalto dell'H-Hour iniziasse alle 08:30. Un rapido attacco della portaerei avrebbe avviato l'azione con un bombardamento di trenta minuti alle 05:45. Successivamente, le navi di supporto antincendio avrebbero bombardato l'isola da vicino intervallo per le prossime due ore. Gli aerei sarebbero quindi tornati per un'ultima corsa di mitragliamento, cinque minuti prima dell'ora H, per poi spostarsi su obiettivi interni mentre il Corpo dei Marines irrompeva a terra.

Niente di tutto questo è andato secondo i piani.

I giapponesi furono allertati dalle attività prima dell'alba in mare aperto e iniziarono la battaglia. La loro guarnigione aprì il fuoco sulla Task Force 53 con grandi cannoni navali alle 05:05. Le batterie principali del Maryland e del Colorado risposero subito al fuoco e diversi proiettili da 16 pollici trovarono il loro segno. Un'enorme palla di fuoco ha segnalato la distruzione di un bunker di munizioni nemico in una delle postazioni dei cannoni giapponesi. Dopo che altre navi di supporto antincendio si unirono, l'ammiraglio Hill ordinò un cessate il fuoco trentacinque minuti dopo. Si aspettava l'inizio dell'attacco aereo. Un lungo silenzio e nessun attacco aereo.

Il gruppo aereo del vettore ha cambiato i piani. Hanno posticipato lo sciopero di trenta minuti. Le loro modifiche non sono mai state comunicate all'ammiraglio Hill. I problemi di Hill sono stati aggravati dalla perdita di comunicazione sulla sua nave ammiraglia dopo l'iniziale salva schiacciante della batteria principale della nave. I cannoni di difesa costiera giapponesi sono stati danneggiati, ma ancora pericolosi. Questo errore ha dato ai giapponesi quasi trenta minuti per adattarsi e recuperare. L'ammiraglio Hill era frustrato ad ogni turno e ordinò alle sue navi di riprendere a sparare alle 0605. Alle 06:10, apparvero aerei da attacco veloce. Hanno bombardato e mitragliato l'isola per i prossimi minuti. In tutta questa confusione, il sole sorse in uno sfondo macabro di fumo denso e nero.

I cacciatorpediniere, gli incrociatori e le corazzate della Task Force 53 hanno bombardato Betio per le prossime ore. Lo shock e la soggezione del bombardamento furono un'esperienza vivida per i Marines. Un fotografo di combattimento, il sergente maggiore Hatch, ha ricordato:

"Non vedevamo davvero come potessimo fare qualcosa se non entrare lì e seppellire i giapponesi. Non sarebbe stato nemmeno uno scontro. Sicuramente nessun uomo mortale potrebbe sopravvivere a questo potere distruttivo. Tutti i giapponesi sull'isola dovrebbero essere morti ormai."

SSgt. Hatch fu smentito da un geyser d'acqua a cinquanta iarde a dritta della sua nave. I giapponesi ripresero il fuoco e presero di mira i trasporti di truppe vulnerabili in corso per la seconda volta quella mattina.

Il generale Smith e l'ammiraglio Hill a bordo del Maryland hanno faticato a ottenere informazioni durante la lunga giornata. La loro migliore fonte di informazioni proveniva da un aereo d'osservazione Kingfisher, lanciato dalle corazzate. L'ammiraglio Hill ha chiesto al pilota se la barriera corallina fosse ricoperta d'acqua e ha ricevuto risposta negativa. La prima ondata di LVT, con oltre settecento Marines imbarcati, lasciò l'area di raduno e si diresse verso la linea di partenza.

I Marines imbarcati negli LVT hanno avuto una mattinata lunga e difficile. I trasferimenti tra ponti erano pericolosi in mari agitati mentre i proiettili da 8 pollici esplodevano intorno a loro. Iniziarono una lunga corsa verso la spiaggia, a dieci miglia di distanza. Gli LVT sono iniziati in orario, ma sono andati rapidamente in ritardo. Gli LVT-1 della prima ondata non sono riusciti a mantenere la velocità di avanzamento di 4 nodi a causa di una forte corrente da ovest. Questo, combinato con il peso della corazza improvvisata, ha ridotto la galleggiabilità. All'opera c'era anche un fattore psicologico. Il colonnello Edson aveva criticato gli equipaggi di LVT per essere atterrati con cinque minuti di anticipo durante le prove. Aveva messo in chiaro che l'arrivo anticipato era imperdonabile e preferiva un arrivo in ritardo. Le tre colonne in difficoltà di LVT non avrebbero raggiunto la spiaggia entro l'ora prevista delle 08:30. Ciò ha causato il rinvio di H-Hour due volte alle 09:00. Tutte le mani non hanno ricevuto questa informazione.

Due cacciatorpediniere, Dashiell e Ringgold, entrarono nella laguna, seguendo i dragamine per fornire supporto di fuoco ravvicinato. Una volta in laguna, il dragamine Pursuit divenne la principale nave di controllo e prese posizione direttamente sulla linea di partenza. La Pursuit ha rivolto i suoi proiettori verso il mare e ha fornito agli LVT un raggio di luce attraverso il fumo e la polvere denso. Alle 08:25, quando la prima ondata di LVT ha attraversato la linea, erano ancora a 6.000 iarde dalle spiagge target.

Pochi minuti dopo, l'aereo della portaerei ha ruggito sopra Betio, giusto in tempo per l'H-Hour originale ma ignaro dei nuovi tempi.

L'ammiraglio Turner ha specificamente fornito a tutti i giocatori dell'Operazione Galvanic questo avvertimento:

> *"Tempi di mitragliare le spiagge per quanto riguarda H-Hour approssimativo. La distanza della barca dalla spiaggia sarà un fattore determinante."*

L'ammiraglio Hill li ha chiamati fuori. Gli aerei d'assalto sono rimasti in stazione con munizioni esaurite e livelli di carburante.

Gli LVT si sono mossi verso la costa in tre lunghe onde. Erano separati da intervalli di 300 iarde. Wave One conteneva quarantadue LVT-1, seguita da Wave Two con ventiquattro LVT-2 e Wave Three con ventuno LVT-2. Dietro questi veicoli cingolati c'erano le barche Waves Four e Five di Higgins. Ciascuno dei comandanti del battaglione d'assalto era nella quarta ondata. A poppa, l'Ashland ha zavorrato e ha lanciato quattordici LCM (o Landing Craft Mechanized), tutti dotati di un carro armato Sherman medio. Altri quattro LCM erano al seguito, trasportando carri armati leggeri con cannoni da 37 mm.

Poco prima delle 08:00, il colonnello Shoup ed elementi del suo posto di comando tattico sbarcarono e si diressero verso la linea di partenza. Un grosso sergente stava vicino al colonnello Shoup e riparava la radio dalla nebbia salina. Di tutti i problemi di comunicazione e i blackout del D-Day, la radio del colonnello Shoup è rimasta funzionante più a lungo. Gli serviva meglio delle radio di qualsiasi altro comandante, giapponese o americano, sull'isola.

Alle 08:54, l'ammiraglio Hill ordinò un cessate il fuoco, anche se le onde d'assalto erano ancora a 4.000 iarde dalla costa. Il colonnello Edson e il generale Smith si sono opposti. Tuttavia, l'ammiraglio Hill considerava le enormi colonne di fumo non sicure per il supporto di fuoco dall'alto. Dopo la cessazione dei bombardamenti, gli LVT fecero il loro approccio finale nonostante il fuoco delle mitragliatrici a lungo raggio e le raffiche di artiglieria. L'artiglieria avrebbe potuto essere fatale per le truppe affollate negli LVT scoperti, ma i giapponesi avevano caricato i proiettili con esplosivi ad alto potenziale invece di frammenti di proiettili d'acciaio, che hanno solo cosparso i marine di "sabbia calda". Questo è stato l'ultimo errore tattico commesso dai giapponesi nel D-Day.

L'attacco aereo interrotto è tornato alle 08:55 per cinque minuti di mitragliamento inefficace lungo le spiagge. I piloti hanno seguito i loro orologi da polso invece dei progressi degli LVT di testa. Due navi da sbarco partirono verso la fine del lungo molo sul bordo della scogliera. Primo Luogotenente. Hawkins e il suo battaglione Scout Sniper con una squadra di ingegneri da combattimento caricarono. Hanno fatto un rapido lavoro di posizionamento delle armi giapponesi lungo il molo con i loro lanciafiamme ed esplosivi.

Gli LVT di Wave One hanno colpito la spiaggia e sono strisciati sulla barriera corallina. Queste parti del piano del colonnello Shoup sono state eseguite in modo impeccabile. Il bombardamento, per quanto straordinario fosse stato, non riuscì ad addolcire le difese giapponesi. Poco del fuoco delle navi era stato diretto contro le spiagge dello sbarco.

L'ammiraglio Shibasaki ha promesso di sconfiggere le unità d'assalto anfibie in riva al mare. I giapponesi ben protetti si scrollarono di dosso la sabbia e presidiarono le armi. Il contenimento di tutti gli spari navali per i primi trenta minuti dell'assalto fu un errore fatale per l'ammiraglio Hill. Ciò diede ai giapponesi il tempo di spostare le loro forze dalle spiagge meridionali e occidentali per rafforzare le posizioni settentrionali. I difensori giapponesi erano storditi e intontiti dal martellamento navale e dalla vista degli LVT che attraversavano la barriera corallina. Tuttavia, la zona di uccisione dell'ammiraglio Shibasaki era ancora intatta. I giapponesi hanno affrontato le ondate di assalto anfibio con un volume costante di armi da fuoco combinate.

La prima ondata di LVT in avvicinamento agli ultimi 200 metri di spiagge Red One e Red Two è stata la più impegnativa. Il fuoco ben mirato di mitragliatrici anti-barca da 40 mm e pesanti e leggere ha martellato i Marines. La squadra d'assalto ha risposto al fuoco con le sue mitragliatrici calibro .50 montate su ciascuno degli LVT-1, sparando oltre 10.000 colpi. Gli artiglieri scoperti erano bersagli facili e dozzine furono abbattuti. Il comandante del battaglione LVT, Maj. Drews, che ha lavorato con Shoup per rendere possibile questo assalto, ha preso una mitragliatrice da un membro dell'equipaggio caduto ed è stato ucciso all'istante da un proiettile attraverso il suo occhio. Uno dei comandanti della compagnia del Magg. Drew ha menzionato in seguito di aver visto un ufficiale giapponese in piedi sulla diga con aria di sfida, agitando la pistola, "solo per sfidarci a scendere a terra".

Gli LVT sono andati avanti. I tempi di atterraggio scaglionati a intervalli di dieci minuti su ogni spiaggia. Il primo LVT ad atterrare è stato un veicolo soprannominato "My Deloris", guidato da PFC Moore. La mia Deloris era il veicolo guida giusto su Red Beach One e ha colpito la spiaggia direttamente sul "becco dell'uccello". Il PFC Moore ha cercato di guidare il suo LVT oltre la diga di 5 piedi, ma il veicolo si è bloccato in posizione verticale mentre le mitragliatrici giapponesi hanno crivellato le truppe all'interno. PFC Moore ha preso il suo fucile e lo ha trovato sparato a metà. In seguito ha ricordato cosa è successo dopo sull'LVT:

""Il sergente si è alzato e ha urlato: 'Tutti fuori!', ma non appena le parole lasciarono la sua bocca, i proiettili di mitragliatrice gli squarciarono la testa".

Il PFC Moore e una manciata di altri fuggirono dall'LVT e distrussero due postazioni di mitragliatrici a pochi metri di distanza. Tutti sarebbero stati uccisi o feriti durante l'assalto. Pochi LVT potevano superare la diga di 5 piedi. Mentre gli LVT erano in stallo sulla spiaggia, erano vulnerabili al fuoco di obici e mortai, nonché alle bombe a mano lanciate nei compartimenti delle truppe dalle truppe giapponesi dall'altra parte della barriera.

Un capo equipaggio del veicolo, Cpl. Spillane, un ex giocatore di baseball dei St. Louis Cardinals prima della guerra, afferrò due granate giapponesi a mani nude a mezz'aria e le ributtò oltre il muro. Ha preso una terza granata che è esplosa nella sua mano e lo ha ferito a morte.

Maelstrom on Betio

Le onde due e tre degli LVT-2 erano protette da un boilerplate da 3/8 di pollice installato frettolosamente a Samoa. Queste onde hanno subito un fuoco ancora più intenso. I cannoni giapponesi anti-barca di grosso calibro distrussero molti degli LVT-2. Il mitragliere PFC Baird, a bordo di uno degli LVT battuti, raccontò ciò che vide:

"Dopo che eravamo a 100 metri, il fuoco nemico era terribilmente intenso e stava solo peggiorando. Ci stavano buttando fuori a destra e a manca. Un trattore sarebbe stato colpito, si sarebbe fermato e avrebbe preso fuoco. Gli uomini sono saltati fuori come torce".

L'LVT del PFC Baird è stato colpito da un proiettile e ha ucciso molte delle truppe. Ha ricordato:

"Ho preso la mia carabina e una scatola di munizioni. Ho scavalcato un paio di ragazzi che giacevano lì morti e ho messo la mano sul lato per rotolare in acqua. Non volevo alzare la testa. I proiettili si sono riversati su di noi come uno strato di pioggia"

Gli LVT hanno eseguito l'assalto secondo le aspettative del generale Smith. Otto degli ottantasette veicoli nelle prime tre ondate sono stati persi nell'assalto. Quindici altri sono stati così danneggiati e crivellati di buchi che sono affondati quando hanno raggiunto acque profonde mentre cercavano di trasportare più truppe a riva. In dieci minuti, gli LVT sbarcano oltre 1.500 marines sulla costa nord di Betio. Sebbene l'operazione fosse un brillante inizio, il problema era sostenere lo slancio dell'assalto. Le previsioni di alta marea erano accurate. Nessun mezzo da sbarco potrebbe attraversare quella barriera corallina il D-Day.

Il colonnello Shoup sperava che sarebbero sopravvissuti abbastanza LVT per consentire un'operazione di trasferimento all'ingrosso con le barche lungo il bordo della barriera corallina. Non funzionerebbe. Gli LVT hanno subito più vittime. Diversi veicoli, rimasti a galla per sole cinque ore, sono rimasti senza benzina. Altri dovevano essere usati immediatamente per l'evacuazione dei marines feriti. Le comunicazioni già difettose si sono deteriorate ancora di più poiché le radio hanno subito danni da acqua a causa del fuoco nemico. Gli LVT sopravvissuti continuarono. Ma dopo il 1015, la maggior parte delle truppe aveva guadato a terra dalla scogliera, attraversando distanze di 1.000 iarde, sotto un fuoco ben mirato. I marines del 2 marzo sono stati attaccati a Red Beach One. La compagnia K ha subito perdite dalla roccaforte a sinistra. Compagnia Ho attraversato la diga ma ho pagato un prezzo alto, perdendo il comandante della compagnia prima ancora che potesse sbarcare dal suo LVT. Entrambe le unità hanno perso più della metà dei loro uomini nelle prime due ore.

La compagnia L del maggiore Michael Ryan è stata costretta a guadare a terra quando le loro barche si sono arenate sulla barriera corallina, subendo oltre il 35% delle vittime. Il maggiore Ryan individuò un soldato solitario attraverso il fuoco e il fumo che si arrampicava su un parapetto sulla spiaggia a destra, segnando un nuovo punto di atterraggio. Quando la compagnia L finalmente raggiunse la riva, il maggiore Ryan si guardò alle spalle e tutto ciò che riuscì a vedere erano teste con i fucili puntati sopra. Ordinò ai suoi uomini di fare il bersaglio il più piccolo possibile. Ryan radunò i vari ritardatari in un'area riparata lungo Green Beach.

Nella quarta ondata, il maggiore Schoettel rimase nella sua barca con i resti dei suoi marines. Era convinto che la sua squadra di sbarco fosse stata distrutta in modo irreparabile. Non ha avuto contatti con il maggiore Ryan. Schoettel ha ricevuto rapporti frammentari secondo cui diciassette dei suoi trentasette ufficiali erano vittime di combattimento inefficaci.

Al centro, i 2/2 Marines furono picchiati violentemente a terra. Il punto di forza giapponese nel rientro tra le due spiagge ha creato scompiglio tra i Marines che si arrampicano sui lati dei loro LVT in stallo e spiaggiati. Cinque agenti su sei della Compagnia E sono stati uccisi. La compagnia

F ha preso il 50% delle vittime scendendo a terra e negoziando la diga per prendere un punto d'appoggio. La compagnia G si aggrappava a malapena a un tratto di spiaggia affollato lungo la diga nel mezzo. Due plotoni di fanteria e due plotoni di mitragliatrici furono allontanati dalla loro spiaggia. Furono costretti ad atterrare su Red Beach One, unendosi agli "orfani del maggiore Ryan".

Quando la barca del tenente colonnello Amey si è scontrata con la barriera corallina, ha chiamato un LVT di passaggio per un trasferimento. Dopo di che, il tenente colonnello. L'LVT di Amey è rimasto appeso a un ostacolo di filo spinato a diverse centinaia di metri da Red Beach Two. Amey estrasse la pistola e gridò ai suoi uomini di seguirlo in acqua. Mentre si avvicinava alla spiaggia, il tenente colonnello. Amey si voltò per incoraggiare i suoi uomini:

"Dai! Questi bastardi non possono batterci."

Una raffica di mitra lo ha colpito alla gola, uccidendolo senza preavviso. Il suo XO, il maggiore Rice e un altro LVT atterrarono molto a ovest dietro il maggiore Ryan. Il tenente colonnello Walter Jordan era l'alto ufficiale presente con il 2/2. Era uno dei numerosi osservatori della 4a divisione dei marine e solo uno dei pochi sopravvissuti del tenente colonnello. LVT di Amey.

LtCol. Jordan ha fatto quello che qualsiasi marine avrebbe fatto in quelle circostanze: ha preso il comando. Jordan ha cercato di ricostruire i pezzi della squadra di sbarco in una forza combattente coesa.

L'unica unità d'assalto anfibia che è sbarcata senza perdite significative è stata la 2/8 su Red Beach Tre, a est del molo. Questa fortuna fu attribuita al continuo supporto di fuoco diretto che il 2/8 ricevette, durante la sua corsa verso la spiaggia, dai due cacciatorpediniere in laguna. Il supporto di fuoco delle due navi ha fornito un fuoco preliminare da un raggio così corto. Manteneva i difensori giapponesi sul confine orientale dell'isola abbottonati. Di conseguenza, il 2/8 ha subito solo meno del 25% di vittime nelle prime tre ondate di LVT. La compagnia E ha compiuto una penetrazione significativa attraversando la barricata e la via di rullaggio. Tuttavia, cinque dei suoi sei ufficiali furono abbattuti nei primi dieci minuti a terra. Il 2/8 stava combattendo contro una delle posizioni difensive più sofisticate delle isole. Queste fortificazioni al loro fianco sinistro avrebbero tenuto i marines ingabbiati per le successive quarantotto ore.

Il maggiore "Jim" Crowe era il comandante dei 2/8 Marines. Ex arruolato, artigliere, distinto fuciliere e famoso giocatore di football, è stato una torre di forza durante la battaglia. Portava un fucile da combattimento cullato nel braccio. Con i suoi caratteristici baffi rossi, trasudava professionalità e fiducia che erano assolutamente necessarie a Betio quel giorno. Il maggiore Crowe ordinò al timoniere della sua barca Higgins di "mettere dentro quella dannata barca". La barca di Higgins ha colpito la barriera corallina ad alta velocità, mandando i Marines a terra. Crowe si riprese rapidamente e ordinò ai suoi uomini di superare i lati e poi li guidò attraverso centinaia di metri di acque poco profonde. Hanno raggiunto la riva intatti solo quattro minuti dopo l'ultima ondata di LVT.

Crowe era accompagnato da un fotografo di combattimento che ricordava il maggiore che stringeva un sigaro tra i denti e si alzava in piedi, ringhiando ai suoi uomini:

"Guarda, questi figli di puttana non possono colpirmi. Perché pensi che possano colpirti? Fai muovere i tuoi culi. Partire!"

Red Beach Three era in buone mani.

Alle 09:45 su Betio, il maggiore Crowe era ben consolidato, con una penetrazione nell'aerodromo. Esisteva un netto divario tra il 2/8 ei sopravvissuti del 2/2 in piccoli gruppi lungo Red Beach Two sotto il tenente colonnello. comando di Jordan. Era un divario pericoloso a causa delle fortificazioni giapponesi tra le spiagge uno e due. Solo pochi membri dei 3/2 sul fianco sinistro e una crescente collezione di Marines sotto il Mag. Ryan erano a Green Beach.

Il maggiore Schoettel stava galleggiando oltre la barriera corallina. Anche il colonnello Shoup era su una barca di Higgins, ma stava iniziando la sua corsa verso la spiaggia. Altri Marines arrivarono a terra sotto il crescente fuoco nemico. I carri armati sono stati costretti a scaricare dagli LCM sul bordo della barriera corallina, alla ricerca di squadre di ricognizione per condurli a terra.

Le comunicazioni erano un incubo. Le radio TBX di Crowe, Shoup e Schoettel erano ancora operative. Ma sulle reti di comando c'era o silenzio di tomba o completo scompiglio. Nessuno sull'ammiraglia sapeva del successo dello sbarco del maggiore Ryan all'estremità occidentale, o del tenente colonnello. La morte di Amey e il tenente colonnello. L'assunzione del comando da parte di Jordan. Un primo rapporto da una fonte sconosciuta balenò sulle reti di comando:

"Sono atterrato. Opposizione insolitamente pesante. Vittime 70%. Non posso reggere."

Il colonnello Shoup ordinò alla riserva del mezzo reggimento di sbarcare su Red Beach Two e di lavorare a ovest. Ci sarebbe voluto del tempo perché gli uomini erano ancora in attesa di ordini sulla linea di partenza, ma tutti aspettavano imbarcati sulle barche. Il colonnello Shoup radunò abbastanza LVT per trasportare le compagnie A e B. La 3a compagnia di fanteria e la compagnia di armi dovevano ancora guadare a terra attraverso questo assalto caotico. La maggior parte degli LVT sono stati distrutti lungo il percorso da cannoni anti-barca. I cannonieri giapponesi ora avevano il tiro a segno. Cinque veicoli sono stati allontanati dal fuoco intenso e sono atterrati a ovest alla posizione del maggiore Ryan, dandogli altre 113 truppe da aggiungere a Green Beach.

Il resto delle compagnie A e B hanno fatto irruzione a terra e sono penetrate per diverse centinaia di piedi, espandendo il perimetro. Altre truppe hanno cercato rifugio lungo il molo e hanno cercato di requisire un LVT di passaggio. Molte delle truppe di riserva del reggimento non completarono lo sbarco fino al mattino seguente. Era tipico per un pilota di LVT e i suoi artiglieri essere abbattuti dal fuoco delle mitragliatrici nemiche. I membri dell'equipaggio sopravvissuti avrebbero riavviato il veicolo in panne, ma solo in retromarcia. Il veicolo sarebbe tornato indietro all'impazzata attraverso l'intera zona di impatto prima di rompersi di nuovo, costringendo diversi uomini a non raggiungere la riva fino al tramonto.

I comandanti navali hanno ricevuto il loro primo chiaro segnale che le cose stavano andando male sulla spiaggia quando un LVT abbandonato si è spinto a poppa senza nessuno ai comandi. Hanno inviato una barca per recuperare il veicolo e hanno scoperto tre marine morti a bordo dell'LVT. I loro corpi furono portati a bordo e sepolti con tutti gli onori in mare. Questi furono i primi di centinaia di uomini consegnati agli abissi a causa del vortice su Betio.

Dopo che le comunicazioni furono ripristinate sul Maryland, il generale Smith cercò di dare un senso ai messaggi contrastanti e intermittenti che arrivavano attraverso la rete di comando della nave. Alle 10:36 il Gen. Smith riferì al V Corpo Anfibio:

"Sbarco di successo sulle spiagge Red Two e Three. Appiglio su Red One. E commettendo un LT dalla divisione riservata. Incontro ancora una forte resistenza".

Il colonnello Shoup stava cercando di navigare per arrivare a terra. Quando la sua barca Higgins fu fermata alla barriera corallina, si trasferì in un LVT di passaggio. Si unì al colonnello Evans Carlson, una leggenda per le sue imprese a Guadalcanal e Makin. Ha preso il comando del distaccamento di artiglieria 1/10. Il loro LVT fece tre tentativi di atterraggio, ogni volta che il fuoco nemico era troppo intenso. Al terzo tentativo, il veicolo è stato colpito e messo fuori uso. Il colonnello Shoup ha preso un doloroso frammento di proiettile ferito alla gamba, ma ha portato i suoi uomini fuori dall'LVT e nella lotta. Si trovava nell'acqua profonda fino alla cintola, circondato da migliaia di pesci morti e corpi galleggianti. Shoup gestì la sua radio e cercò disperatamente di portare a terra unità di combattimento organizzate per influenzare l'equilibrio del combattimento.

Il colonnello Shoup aveva sperato che i carri armati Sherman potessero rompere l'ingorgo. Questo fu il debutto in combattimento dei carri armati medi del Corpo dei Marines, ma fu scoraggiante nel D-Day. La 2a Divisione Marine non capiva come impiegare i carri armati contro le posizioni fortificate. Quando quattro Sherman raggiunsero Red Beach Tre, più tardi nella mattinata, il maggiore Crowe fece loro cenno di avanzare con l'ordine di eliminare tutte le posizioni nemiche. Gli equipaggi dei carri armati, abbottonati sotto il fuoco, erano praticamente ciechi nei loro carri armati. Senza fanteria al seguito, furono distrutti uno per uno. Alcuni sono stati eliminati dai cannoni giapponesi da 75 mm, mentre altri sono stati danneggiati dal fuoco amico dei bombardieri in picchiata americani.

Altri sei Sherman che hanno cercato di atterrare su Red Beach One sono stati preceduti da una guida smontata per avvertire dei crateri sottomarini. Queste guide venivano abbattute ogni pochi minuti da tiratori giapponesi. Ogni volta, un altro volontario si faceva avanti per continuare il movimento. Gli ingegneri di combattimento avevano fatto un buco nella diga per far passare i carri armati, ma la strada era bloccata da marines feriti e morti. Invece di investire i loro compagni Marines, il comandante del carro armato ha invertito la sua colonna e ha girato verso una seconda apertura fatta esplodere nella diga.

Mentre gli Sherman operavano in acque torbide e caotiche, quattro carri armati affondarono in buchi di conchiglie lungo la deviazione. Nell'entroterra sulla spiaggia, uno degli Sherman sopravvissuti ha impegnato un carro armato leggero giapponese. Il carro medio americano ha demolito il suo piccolo avversario, ma non prima che il condannato carro armato giapponese abbia rilasciato un ultimo colpo da 37 mm, un colpo fenomenale, proprio nella canna dello Sherman.

Red Beach Two

Alla fine della giornata, solo due dei quattordici carri Sherman erano ancora operativi. Le squadre di manutenzione hanno lavorato disperatamente per recuperare un terzo carro armato, Cecilia, a Green Beach per il Mag. Ryan. I cannonieri giapponesi affondarono tutti e quattro gli LCM trasportando i carri armati leggeri nella battaglia prima ancora che le barche raggiungessero la barriera corallina. Il comandante del battaglione di carri armati, il colonnello Swenceski, è stato assunto ucciso in azione mentre guadava a terra. Fu gravemente ferito ma sopravvisse strisciando su una pila di cadaveri per evitare di annegare fino a quando non fu scoperto il giorno successivo.

Il colonnello Shoup ha inviato un messaggio all'ammiraglia alle 10:45 del D-Day esprimendo la sua frustrazione:

"I nostri carri armati non vanno bene. Rigida resistenza, servono semicingolati."

I semicingolati della compagnia di armi del reggimento con i loro cannoni da 75 mm non se la sono cavata meglio di qualsiasi altra unità da combattimento quella mattina. Un semicingolato è stato affondato nel suo trasporto LCM da un fuoco di artiglieria a lungo raggio prima di raggiungere la barriera corallina. Un secondo semicingolato ha percorso l'intero guanto di sfida, ma è rimasto bloccato nella sabbia smossa in riva al mare ed è stato distrutto. La situazione ora era critica.

Il coraggio e l'iniziativa individuali hanno ispirato i resti sparsi in tutto il caos lungo la testa di ponte esposta. Il sergente maggiore Bordelon era un ingegnere da combattimento attaccato al 2/2. Dopo che un proiettile giapponese disabilitò il suo LVT e uccise la maggior parte delle truppe in viaggio verso la spiaggia, Bordelon radunò i sopravvissuti e li condusse a terra sulla Red Beach Two. Si fermò solo il tempo necessario per preparare cariche esplosive. Ha eliminato due postazioni giapponesi che avevano sparato sulle onde d'assalto. Dopo aver attaccato una terza postazione, è stato colpito dal fuoco delle mitragliatrici, ma ha rifiutato l'assistenza medica e ha continuato a combattere. SSgt. Bordelon è tornato in acqua e ha salvato un marine ferito che chiedeva aiuto. Mentre il fuoco più intenso si apriva da un'altra posizione nemica, Bordelon preparò un ultimo pacchetto di demolizione e caricò la posizione del cannone giapponese in un assalto frontale. Qui è dove la sua fortuna si è esaurita. È stato colpito e ucciso. In seguito divenne il primo di quattro uomini della 2a Divisione Marine a ricevere la Medaglia d'Onore.

In un altro caso, il sergente. Roy Johnson ha attaccato da solo un carro armato giapponese. Si arrampicò sulla torretta e lasciò cadere una granata all'interno mentre era seduto sul portello, in attesa della detonazione. sergente Johnson è sopravvissuto a questo, ma è stato successivamente ucciso nei combattimenti su Betio. Nella battaglia di settantasei ore, fu uno dei 217 sergenti dei Marines ad essere ferito o ucciso.

Un capitano di Red Beach Tre, che è stato colpito sia alle braccia che alle gambe, ha inviato un messaggio al maggiore Crowe scusandosi per averlo deluso.

Il maggiore Ryan in seguito ha ricordato un sergente ferito, che non aveva mai visto prima, zoppicando verso di lui e chiedendogli dove fosse più necessario.

Il PFC Moore, che in precedenza era stato disarmato e ferito, mentre cercava di guidare "My Dolores" oltre la diga, ha portato munizioni agli equipaggi delle mitragliatrici per il resto della giornata fino a quando non è stato evacuato su uno dei trasporti.

Altri coraggiosi marines recuperarono un paio di cannoni anticarro da 37 mm da un mezzo da sbarco affondato. Li hanno malmenati per diverse centinaia di metri sotto il terrificante fuoco nemico. Li trascinarono attraverso la spiaggia fino alla diga. Mentre due carri armati giapponesi si avvicinavano alle teste di ponte, i Marines sollevarono i cannoni anticarro da 900 libbre in cima alla diga. Hanno caricato, mirato e sparato con calma. Eliminare uno dei carri armati giapponesi a distanza ravvicinata e inseguire l'altro.

Robert Sherrod era un corrispondente di guerra esperto per la rivista Time. L'atterraggio nel D-Day a Betio è stata l'esperienza più spaventosa della sua vita. Sherrod accompagnò i Marines dalla quarta ondata del 2/2 e cercò di guadare a riva su Red Beach Two. Nelle sue stesse parole:

"Non appena siamo entrati in acqua, le mitragliatrici giapponesi si sono davvero aperte su di noi. È stato così dolorosamente lento che abbiamo guadato in acque così profonde. Avevamo 700 metri per camminare lentamente nel fuoco diretto delle mitragliatrici, incombendo su bersagli più grandi mentre salivamo sul terreno più elevato. Ero così spaventato, più di quanto non lo fossi mai stato prima. Coloro che non erano stati colpiti avrebbero sempre ricordato come i proiettili della mitragliatrice sibilassero nell'acqua, pollici a destra, pollici a sinistra".

Il colonnello Shoup si mosse verso la spiaggia parallelamente al molo. Ordinò ai 3/8 Marines del maggiore Ruud di sbarcare su Red Beach Tre, a est del molo. Non c'erano ora unità LVT organizzate per trasportare il battaglione di riserva al combattimento. Al Mag. Ruud fu ordinato di avvicinarsi il più possibile alle barche da sbarco e poi guadare la distanza rimanente fino a riva. Ruud ricevette gli ordini dal colonnello Shoup alle 1104. Anche se i due ufficiali non furono mai a più di un miglio di distanza l'uno dall'altro per le successive sei ore, non riuscirono a comunicare.

Il Mag. Ruud ha diviso la sua squadra di atterraggio in sette ondate. Una volta che le barche si sono avvicinate, è iniziata la confusione della barriera corallina. I giapponesi puntarono i loro cannoni anti-barca sul mezzo da sbarco con spaventosa precisione. Hanno messo a segno diversi colpi diretti mentre la rampa di prua cadeva. Un distinto clangore di un proiettile da impatto segnalerebbe una frazione di secondo prima dell'esplosione. SSgt. Hatch guardando dalla spiaggia ha ricordato in seguito:

"È successo almeno una dozzina di volte. La barca è stata spazzata via completamente dall'acqua e ha fracassato corpi dappertutto. Ho visto un proiettile giapponese colpire direttamente un mezzo da sbarco che ha portato a terra molti marines. L'esplosione è stata orribile e parti della barca sono volate in tutte le direzioni".

I timonieri della marina che assistevano al massacro davanti a loro fermarono le loro barche verso il mare della scogliera e ordinarono alle truppe di sbarcare. Molti marines carichi di munizioni o radio extra sono sprofondati all'istante nelle acque profonde, molti sono annegati. La ricompensa per le truppe i cui timonieri riuscirono a raggiungere la scogliera fu meno ottimista. Guadarono 600 metri di fuoco incrociato. Di gran lunga più pesante di quello che hanno sperimentato le prime ondate di assalto a H-Hour. La prima ondata di massacri delle compagnie L e K fu terribile. Oltre il 70% è caduto durante il tentativo di raggiungere la spiaggia.

Il colonnello Shoup e il suo gruppo hanno salutato freneticamente i gruppi di marines per cercare la protezione del molo. Mentre molti lo facevano, diversi sottufficiali e ufficiali erano stati colpiti, rendendo disorganizzati i ritardatari. Il molo era un rifugio discutibile; ha ricevuto il fuoco dei cecchini e il fuoco intermittente delle mitragliatrici da entrambi i lati. Il colonnello Shoup è stato colpito in nove punti. Un proiettile è andato vicino a penetrare nel suo collo simile a un toro. Il suo corridore accucciato dietro di lui è stato colpito in mezzo agli occhi da un cecchino giapponese.

Il comandante della 3/8 Weapons Company, il capitano Carl Hoffman, non se l'è cavata meglio delle compagnie di fanteria più avanti. Il suo mezzo da sbarco ha subito un colpo diretto da un mortaio giapponese e ha perso sei o otto uomini proprio lì. I marines del capitano Hoffman virarono verso il pari e poi guadarono verso la riva. Il Mag. Ruud non è riuscito a contattare il colonnello Shoup. E invece trasmise via radio al suo comandante di reggimento, il colonnello Elmer Hall:

"La terza ondata è atterrata a Red Beach Three. Praticamente spazzato via. La quarta ondata è sbarcata, ma solo pochi Marines a terra".

Il colonnello Hall era in una piccola barca vicino alla linea di partenza, incapace di rispondere. Il generale Hermle, assistente comandante di divisione, è intervenuto con questo messaggio:

"Resta dove sei o ritirati fuori dal raggio di tiro".

Questo ha solo aumentato la confusione. Il Mag. Ruud ha raggiunto il molo solo nel tardo pomeriggio. Al 1730 riuscì a condurre a terra ciò che restava dei suoi uomini.

Molti marines non si sono dispersi fino al giorno successivo. Il colonnello Shoup ha inviato ciò che era rimasto del 3/8 per supportare il 2/8 assediato dal maggiore Crowe. Altri Marines furono usati per colmare il divario tra il 2/8 e le truppe combinate del 2/2 e del 1/2.

Quando il colonnello Shoup raggiunse finalmente Betio e stabilì il suo posto di comando. Era a cinquanta metri dal molo lungo il lato cieco di un bunker occupato dai giapponesi. Shoup ha posizionato le guardie per impedire al nemico di lanciare attacchi. Tuttavia, gli approcci del sito sono stati esposti, proprio come qualsiasi altro luogo sull'isola piatta. Più di venti messaggeri furono fucilati mentre portavano dispacci da e per il colonnello Shoup.

Il fotografo di combattimento Sherrod strisciò per osservare l'acqua esposta su entrambi i lati del molo. Ha contato oltre cinquanta LVT, barche e carri armati disabilitati.

Il colonnello Shoup gli ha ammesso: "Abbiamo bisogno di più uomini. Siamo in una situazione difficile". La situazione non sembrava buona.

Il primo ordine del giorno del colonnello Shoup dopo aver raggiunto la terraferma è stato quello di cercare rapporti aggiornati dai comandanti della sua squadra di atterraggio. Le comunicazioni tattiche adesso erano peggiori di quanto non fossero state durante l'assalto mattutino. Il colonnello Shoup non aveva ancora contatti con nessuna truppa a Red Beach One, né poteva sollevare il generale Smith nel Maryland. È arrivato un messaggero con un rapporto del 2/2:

"Tutte le comunicazioni fuori tranne i corridori. Abbiamo bisogno di aiuto. Situazione pessima. CO ucciso. Nessuna parola dalla compagnia E. "

Il colonnello Shoup ha trovato il tenente colonnello. Jordan e gli ordinò di prendere il comando del 2/2. Shoup lo ha rinforzato con elementi del 1/2 e del 3/8. Ha dato a Jordan un'ora per organizzare e riarmare gli allegati assortiti. Shoup gli ordinò quindi di procedere nell'entroterra per attaccare la pista di atterraggio ed espandere la testa di ponte. Il colonnello Shoup ordinò quindi al colonnello Carlson di chiedere un passaggio al Maryland e informare personalmente il generale Smith della situazione. Ha detto al colonnello Carlson di dire al generale: "Resisteremo e combatteremo".

Carlson partì immediatamente. Ma a causa dei pericoli e della confusione tra la linea di partenza e la spiaggia, non raggiunse l'ammiraglia con il suo messaggio fino al 1800.

Nebbia di guerra

Il colonnello Shoup ha concentrato la sua attenzione sulle questioni critiche del rifornimento. Oltre il molo c'erano più di un centinaio di piccole imbarcazioni che giravano senza meta. Portavano rifornimenti assortiti da navi da carico e da trasporto. Hanno scaricato il più rapidamente possibile in conformità con gli ordini dell'ammiraglio Nimitz di "Entra e poi esci".

Lo scarico non organizzato ha ostacolato la lotta a terra. Shoup non era sicuro di quale barca contenesse i rifornimenti. Mandò a dire che solo le forniture più critiche dovevano essere inviate al molo: carburante LVT, munizioni, acqua, plasma sanguigno e altre radio. Il supporto del fuoco navale dallo sbarco è stato eccezionale, ma era giunto il momento per i Marines di portare la propria artiglieria sulla testa di ponte. Il piano originale di sbarcare i Marines 1/10 a Red Beach One non era più pratico.

Shoup conferì con il tenente colonnello Presley Rixey e accettò di atterrare sul fianco sinistro di Red Beach Two con gli obici da 75 mm. Questi cannoni da spedizione sarebbero stati demoliti e malmenati a terra. LtCol. Rixey aveva visto da vicino cosa è successo quando il 3/8 ha cercato di guadare a riva dalla barriera corallina. È andato dopo gli ultimi LVT. C'erano solo veicoli operativi sufficienti per due sezioni delle batterie A e B. Nella confusione, tre sezioni della batteria C hanno seguito gli LVT verso la riva e le loro barche aperte. La fortuna sorrise agli artiglieri. Gli LVT sono atterrati con i cannoni intatti nel tardo pomeriggio. Quando le barche sono state appese alla barriera corallina, i marines hanno trascinato i componenti pesanti attraverso le acque spazzate dai proiettili fino al molo e sono arrivati a riva al crepuscolo. Ora c'era un supporto di fuoco ravvicinato disponibile all'alba.

Il generale Julian Smith sapeva poco di ciò che stava accadendo. Ha continuato a cercare di ricostruire la situazione tattica a terra. Smith ha ricevuto rapporti da ufficiali del personale a galla e su idrovolanti. Ha deciso che la situazione nel primo pomeriggio era in condizioni disperate.

Sebbene avesse elementi di cinque battaglioni di fanteria a terra, la loro presa era instabile. Il generale Smith decise che il divario tra Red Beach One e Red Beach Two non era stato colmato. E che il fianco sinistro su Red Beach Tre non era sicuro. Smith presumeva che il colonnello Shoup fosse ancora vivo e al comando, ma non poteva permettersi di giocare d'azzardo. Nelle ore successive, il comandante generale fece del suo meglio per influenzare tutta l'azione a terra dall'ammiraglia. Il primo passo di Smith è stato inviare un messaggio radio al generale Holland Smith. Ha chiesto l'uso del 6 ° Marines per il controllo della divisione perché la situazione era in dubbio. Ha anche ordinato la sua ultima squadra di sbarco rimasta, 1/8 Marines, alla linea di partenza. Il generale Julian Smith riorganizzò un'altra divisione di emergenza composta da ingegneri, artiglieria e unità di truppe di servizio.

Il generale Julian Smith ordinò al generale Hermle di procedere fino alla fine del molo, valutare la situazione e riferire. Hermle prese il suo piccolo bastone e sbarcò prontamente dalla Monrovia diretto verso l'isola fumante, ma il viaggio durò quattro ore. Durante questo periodo, il generale Julian Smith ricevette un messaggio dal maggiore Schoettel, ancora in mare presso la barriera corallina:

"Posto di comando situato sul retro di Red Beach One. Situazione come prima. Ha perso ogni contatto con gli elementi d'assalto."

Il Gen. Smith ha risposto:

"Terra ad ogni costo. Riprendi il controllo del tuo battaglione e continua ad attaccare."

Il Mag. Schoettel raggiunse la spiaggia al tramonto. Era inoltrato il giorno successivo prima che potesse lavorare a ovest e consolidare i Marines dispersi. Il generale Smith ricevette l'autorizzazione a prendere il controllo del 6° Marines alle 15:25. Smith aveva ora a sua disposizione quattro battaglioni di squadre di sbarco. La domanda era come inserirli nel combattimento senza farli annientare come l'esperienza del Magg. Ruud nel tentativo di ottenere il 3/8.

Ancora una volta, le comunicazioni del generale Smith non lo raggiunsero. Nel 1740 ricevette un messaggio da Hermle che aveva raggiunto il molo ed era sotto il fuoco. Dieci minuti dopo, Smith ordinò a Hermle di prendere il comando di tutte le forze a terra. Hermle non ha mai ricevuto questi ordini. Il generale Smith non sapeva che il suo messaggio non era riuscito a passare, e Hermle rimase al molo inviando corridori al colonnello Shoup, che gli disse di "Vattene da sotto quel molo". Hanno cercato con scarso successo di svitare il movimento bidirezionale delle vittime e dei rifornimenti a terra.

Per tutta la lunga giornata, il colonnello Hall e il suo staff hanno languito nelle loro barche Higgins vicino all'1/8 in attesa sulla linea di partenza. Erano bagnati, stretti, affamati e stanchi di molti Marines con il mal di mare. Più tardi nel pomeriggio, il generale Smith ordinò a Hall di far sbarcare tutte le sue unità rimanenti sulla spiaggia sulla punta nord-est dell'isola e di dirigersi a ovest verso le frastagliate linee del colonnello Shoup. Questo era estremamente rischioso. La preoccupazione principale del generale Smith era che i giapponesi avrebbero contrattaccato dalla coda orientale dell'isola contro il suo fianco sinistro. Una volta che ebbe il 6° Marines, il generale Smith in seguito ammise che avrebbe sacrificato una squadra di sbarco di un battaglione se ciò avesse significato salvare la forza da sbarco dall'essere invasa da un contrattacco giapponese durante la notte.

Fortunatamente, Hall non ha mai ricevuto questo messaggio dal generale Smith. Più tardi quel pomeriggio, un idrovolante riferì a Smith che un'unità aveva attraversato la linea di partenza e si era diretta verso il fianco sinistro di Red Beach Two. Il generale Smith pensava che fosse Hall che andava alla spiaggia sbagliata. Ma questo fu l'inizio dello sbarco a terra degli artiglieri di Rixey. L'8° Marines ha trascorso la notte nelle sue barche in attesa di ordini. Il generale Smith non lo scoprì fino al mattino successivo.

A Betio, il maggiore Ryan riferì al colonnello Shoup che diverse centinaia di marines e due carri armati erano penetrati per oltre 500 iarde oltre Red Beach One, all'estremità occidentale dell'isola. Questo era ora il progresso di maggior successo della giornata e una buona notizia per il colonnello Shoup, perché aveva temuto il peggio. Aveva pensato che le compagnie di Schoettel e tutti gli altri randagi che avevano virato in quella direzione fossero stati spazzati via. Questa era un'altra notizia che il colonnello Shoup non poteva trasmettere al generale Smith.

Le truppe del Mag. Ryan erano efficaci all'estremità occidentale. Hanno imparato a far funzionare al meglio i carri armati medi e hanno scavato una sostanziale testa di ponte. Hanno invaso diverse casematte e torrette giapponesi. A parte i carri armati, gli uomini del maggiore Ryan avevano solo armi di fanteria. Non avevano demolizioni o lanciafiamme. Il Mag. Ryan, nuovo dalle sue precedenti esperienze di combattimento nelle Salomone, che le posizioni ridotte solo dalle granate potrebbero tornare in vita. Ha deciso nel tardo pomeriggio di tirare indietro le sue linee sottili e consolidare. Nelle sue parole:

"Questa era la crisi della battaglia. Tre quarti dell'isola erano in mani nemiche. Un contrattacco giapponese concertato ci avrebbe spinti in mare.

Smith riferì la sua catena di comando agli ammiragli Spruance, Turner e Nimitz che la questione rimaneva ancora in dubbio. Il personale dell'ammiraglio Spruance iniziò a redigere piani per l'evacuazione di emergenza delle forze di sbarco.

Per tutta la notte del D-Day, la lotta principale fu il tentativo di Shoup e Hermle di cercare di consigliare al generale Smith il posto migliore per sbarcare le riserve la mattina seguente. Il generale Smith fu sorpreso di apprendere alle 0200 che il colonnello Hall non era a terra ma ancora sulla linea di partenza in attesa di ordini. Smith ordinò di nuovo alla squadra di combattimento otto di sbarcare sulla punta orientale dell'isola alle 09:00 su D+1.

Il generale Hermle ha finalmente catturato una barca per tornare a uno dei cacciatorpediniere. Riferì la richiesta di Shoup di sbarcare rinforzi su Red Beach Two. Il generale Smith ha modificato gli ordini del colonnello Hall. Smith ordinò a Hermle di tornare all'ammiraglia, irritato dal suo assistente per non essere sceso a terra e aver preso il comando. Alla fine, il generale Hermle aveva reso a Smith un utile servizio trasmettendo i consigli del colonnello Shoup. Per quanto l'8° Marines sarebbe sanguinato nell'assalto del mattino successivo, uno sbarco all'estremità orientale dell'isola sarebbe stato un disastro. La ricognizione dopo la battaglia ha scoperto che quelle spiagge erano le più intensamente estratte dell'intera isola.

D+1 a Betio

La situazione tattica su Betio è stata pericolosa per gran parte della seconda giornata. Durante la mattinata, i marines hanno pagato con il sangue ogni tentativo di sbarcare riserve o far avanzare le teste di ponte sfilacciate. Le spiagge di Tarawa erano raccapriccianti e piene di morti e moribondi. Il colonnello Shoup osservò la spiaggia alle prime luci e rimase inorridito. Nelle sue stesse parole:

"Era uno spettacolo terribile, i corpi andavano alla deriva lentamente nell'acqua appena fuori dalla spiaggia. Il fetore dei cadaveri copriva l'isola come una nuvola».

L'odore diffondeva un cattivo presagio sulla linea di partenza per i Marines 1/8 che si preparavano a iniziare la loro corsa verso la spiaggia. Con una conoscenza imperfetta delle forze disperse e delle sue comunicazioni difettose, il colonnello Shoup ordinò a ciascun comandante della squadra di atterraggio di attaccare. LtCol. La Giordania avrebbe preso la costa meridionale. Rudd e Crowe avrebbero dovuto ridurre le roccaforti giapponesi alla loro sinistra e davanti. Il Mag. Ryan doveva prendere tutta Green Beach.

La richiesta prima dell'alba del colonnello Shoup al generale Smith ha trasmesso uno specifico atterraggio dell'1/8 su Red Beach Two vicino al molo. Sfortunatamente, questa componente fondamentale della richiesta del colonnello Shoup non è sopravvissuta alla via di comunicazione con il generale Smith. Il comandante generale ordinò al maggiore Lawrence C. Hays Jr. e al colonnello Hall di atterrare su Red Beach 2 alle 0615. Hays e Hall erano ignari della situazione a terra e presumevano che l'1/8 avrebbe fatto un atterraggio coperto.

I marines dell'1/8 avevano trascorso diciotto ore nelle barche Higgins imbarcate, facendo infiniti giri nella notte. Le truppe applaudirono quando le barche finalmente fecero il loro giro verso la spiaggia.

Le cose sono andate storte rapidamente. Le maree non sono riuscite a fornire acqua a sufficienza per consentire alle barche di attraversare la barriera corallina. Gli uomini di Hays sbarcarono oltre l'ostacolo e iniziarono il viaggio di 500 yard verso la riva. Pericolosamente lontano sul fianco destro e all'interno della zona dei cannoni giapponesi che sparano dal forte punto di rientro. Erano nel posto peggiore in cui potevano essere. I cannonieri giapponesi hanno iniziato un fuoco inesorabile. I cecchini giapponesi hanno rastrellato i Marines dagli LVT disabili che si erano infiltrati durante la notte. Diverse mitragliatrici si sono aperte sulle truppe in attesa da ogni goletta interislandese spiaggiata ai margini della barriera corallina. Gli uomini di Hays cadevano ad ogni turno.

I marines hanno cercato di fermare il massacro. Il colonnello Shoup ha chiesto il supporto del fuoco navale. Due obici da 75 mm protetti da una banchina di sabbia, eretti da un bulldozer Seabee, hanno sparato contro i fortini al confine Red Beach One/Two usando micce ritardate in proiettili ad alto potenziale esplosivo. Uno squadrone di F4F Wildcats attaccò i difensori giapponesi con mitragliatrici e bombe. Sebbene queste misure aiutassero, i giapponesi avevano catturato i marines in un fuoco incrociato.

Il corrispondente Sherrod ha guardato con orrore questo bagno di sangue. In un'ora, Sherrod contò almeno duecento corpi che non si muovevano sugli appartamenti asciutti. Ha ricordato:

"Una barca esplode, poi un'altra. I sopravvissuti iniziano a nuotare verso la riva, ma i proiettili di mitragliatrice punteggiano l'acqua tutt'intorno a loro. Molto peggio oggi di ieri".

Il primo tenente Dean Ladd è saltato in acqua dalla sua barca ed è stato colpito allo stomaco. Ha ricordato gli ordini severi delle truppe di non fermarsi per i feriti e si aspettava di morire sul posto. Uno dei suoi fucilieri, PFC Sullivan, ignorò gli ordini e salvò la vita al suo tenente.

Il plotone di fucilieri di Ladd subì ventiquattro vittime durante l'assalto nave-terra.

Il primo tenente Frank Plant, l'ufficiale di collegamento aereo, era con il maggiore Hays nella barca di comando Higgins. Dopo la chiamata, l'imbarcazione si è schiantata contro la scogliera, il maggiore Hays ha gridato agli uomini di sbarcare. Mentre saltava in acqua, le truppe che lo seguivano furono abbattute dal fuoco omicida. 1stLt. Plant ha aiutato a riportare i feriti sulla barca. In seguito scrisse che l'acqua intorno a lui era colorata di viola con il sangue. Mentre raggiungeva in fretta il maggiore Hays, era terrorizzato dall'improvvisa apparizione di quelli che pensava fossero combattenti giapponesi che ruggivano verso di lui. Ma erano i Navy Wildcats che urlavano per attaccare i giapponesi. I piloti erano eccitati ma incoerenti. Mentre una bomba ha colpito i difensori giapponesi, altre hanno mancato di oltre 200 iarde e hanno contribuito al caos dei Marines morenti. Un arrabbiato colonnello Shoup arrivò alla radio

"Smettila di mitragliare. Bombe che colpiscono le nostre stesse truppe".

È stato solo il puro coraggio dei sopravvissuti a portarli a terra sotto un fuoco incrociato così infernale. Il maggiore Hays ha fatto rapporto a Shoup alle 0800 con solo metà della sua squadra di sbarco. Aveva preso oltre trecento vittime mentre altri uomini erano dispersi e sparsi lungo la spiaggia e il molo. La sua unità aveva perso tutte le sue armi pesanti, demolizioni e lanciafiamme. Il colonnello Shoup ordinò a Hays di attaccare l'ovest. Entrambi sapevano che le armi leggere e il coraggio non avrebbero superato i giapponesi nelle loro posizioni fortificate.

Le forze combinate del Maggiore Rudd a Crowe sulla Spiaggia Rossa Tre erano piene di combattimenti e avevano armi sufficienti. Il loro fianco sinistro era a filo contro tre grandi bunker giapponesi, ognuno dei quali si sosteneva a vicenda e inattaccabile. Il molo tozzo leggermente a est del molo principale si trasformò in una sanguinosa terra di nessuno mentre le due parti combattevano per il possesso. Imparando dagli errori del D-Day, il maggiore Crowe si assicurò che il suo unico Sherman sopravvissuto fosse sempre accompagnato dalla fanteria.

Rudd e Crowe hanno beneficiato dell'intenso supporto aereo e degli spari navali sul loro fianco sinistro. Il Mag. Crowe avrebbe poi scritto che non era impressionato dall'efficacia e dalla precisione degli aviatori e che l'aereo non era mai stato così utile. Ma era entusiasta dei cannoni navali:

> *"Ho avuto i tre cacciatorpediniere che mi hanno sostenuto: il Ringgold, il Daschle e l'Anderson. Tutto ciò che ho chiesto, l'ho ottenuto. Ho autorizzato un fuoco diretto da uno dei cacciatorpediniere nella laguna in un bunker di comando a soli 50 metri da noi durante il combattimento. Hanno sbattuto il fuoco lì dentro, e potevi vedere braccia e gambe e tutto salire in quel modo".*

LtCol. Jordan è riuscito a portare alcune delle sue truppe attraverso la pista di atterraggio spazzata dal fuoco nell'entroterra da Red Beach Due fino alla costa meridionale, effettuando una penetrazione significativa. La loro presa era precaria e i suoi marines subirono pesanti perdite. Ha ricordato che non poteva vedere i giapponesi. Tuttavia, il fuoco è arrivato da ogni direzione quando Jordan ha perso il contatto con i suoi elementi principali. Il colonnello Shoup gli ordinò in tutta l'isola di ristabilire il comando. Jordan lo ha fatto con un rischio significativo per se stesso. Quando arrivarono i suoi rinforzi, il tenente colonnello. Jordan aveva solo cinquanta uomini, che potevano essere rappresentati, dalle compagnie di fucili 2/2 della sua squadra di sbarco. Il colonnello ha organizzato e fornito questi uomini al meglio delle sue capacità. Quindi, agli ordini di Shoup, li unì ai rinforzi e tornò al suo ruolo originale di osservatore.

Scout Sniper Platoon

L'eroismo del 2° plotone di cecchini scout dei marines era stato spettacolare fin dall'inizio, quando avevano guidato l'assalto al molo, poco prima dell'ora H. tenente Hawkins è stato un esempio di disprezzo per il pericolo in ogni situazione tattica.

Sebbene abbia mostrato un coraggio sovrumano, non lo avrebbe protetto nel tumulto. Un proiettile giapponese lo aveva ferito durante il D-Day e si è scrollato di dosso ogni tentativo di curare le sue ferite. All'alba di D+1, guidò i suoi uomini in una serie di attacchi ai punti forti giapponesi. Hawkins strisciò fino a un fortino, sparò a bruciapelo con la sua arma attraverso le porte della pistola e gettò granate all'interno per finire il lavoro. Gli hanno sparato al petto, ma ha continuato ad attaccare e ha tirato fuori personalmente altre tre scatole di pillole. Subito dopo, un guscio giapponese lo fece a pezzi.

La divisione pianse la sua morte e gli fu assegnata la Medaglia d'Onore postuma. Il colonnello Shoup ha ricordato:

> *"Non capita spesso di poter attribuire a un tenente la vittoria di una battaglia, ma al tenente. Hawkins ci è arrivato il più vicino possibile a qualsiasi uomo.»*

Stava ora al maggiore Ryan e al suo battaglione improvvisato sul lato occidentale di Betio dare il contributo più considerevole alla vittoria della battaglia. Le fortune di Ryan sono state migliorate da tre sviluppi durante la notte.

1. I giapponesi non hanno contrattaccato le sue linee sottili.

2. Seabees ha riparato il suo carro medio, Cecilia.

3. L'arrivo di un osservatore navale, il tenente Thomas Green, con una radio perfettamente funzionante.

Ryan organizzò un attacco coordinato contro le casematte giapponesi, le postazioni di cannoni e le fosse di fucili concentrate nell'angolo sud-occidentale dell'isola. Rallentato da problemi di comunicazione, Ryan poteva parlare con le navi di supporto antincendio ma non con il colonnello Shoup. Ci sono volute ore ai suoi corridori per negoziare il guanto di sfida del fuoco e tornare con le risposte dal PC di Shoup.

Il primo messaggio di Ryan a Shoup ha rivelato i suoi piani di attacco, ma è stato ritardato perché il colonnello Shoup ha chiamato un attacco aereo. Dopo altri due corridori, l'attacco aereo è stato annullato e Ryan ha chiamato un colpo di arma da fuoco navale sugli obiettivi sud-ovest. Due dei cacciatorpediniere nella laguna hanno risposto con precisione e tempestività. Il Mag. Ryan lanciò un assalto coordinato di carri armati/ fanteria alle 1120. In meno di un'ora, la sua forza improvvisata aveva preso tutta Green Beach ed era pronta a muoversi verso est verso l'aeroporto e attaccare.

Le comunicazioni erano ancora terribili. Il Mag. Ryan due volte ha riferito che l'estremità meridionale di Green Beach è stata intensamente minata. Quel messaggio non raggiunse un quartier generale più alto. Il generale Smith nel Maryland non ha ricevuto alcuna notizia diretta dei successi del maggiore Ryan. Smith fu felice quando seppe che poteva sbarcare rinforzi sulla spiaggia coperta e mantenere intatta l'integrità dell'unità.

Il generale Smith conferì con il colonnello Holmes, comandante del 6° Marines, il modo migliore per far entrare in combattimento le nuove squadre di combattimento. A causa delle pesanti perdite subite dal battaglione di Hays su Red Beach Two, Smith ha rivalutato il suo sbarco su un'estremità orientale sconosciuta dell'isola. La buona notizia del Mag. Ryan ha risolto rapidamente questo problema. Smith ordinò a Holmes di far sbarcare uno dei suoi battaglioni su un gommone a Green Beach e di far salire la seconda squadra di sbarco e prepararsi a guadare a terra in supporto.

Il generale Smith ricevette notizie che le truppe giapponesi si stavano ritirando dall'estremità orientale di Betio guadando l'isolotto successivo: Bairiki. I Marines non volevano combattere due volte lo stesso nemico mortale. Holmes ordinò al 2/6 di atterrare su Bairiki e "sigillare la porta sul retro". L'1/6 ricevette l'ordine di atterrare a Green Beach con un gommone. Il 3/6 era tenuto in riserva e preparato per atterrare in qualsiasi punto assegnato, probabilmente Green Beach. Il generale Smith ordinò ai carri armati leggeri della compagnia B di sbarcare su Green Beach, supportando il 6° Marines.

Questi piani tattici hanno richiesto molto più tempo di quanto previsto. L'1/6 era in attesa e pronto a sbarcare quando la loro nave Feland è stata ordinata in corso a causa di una minaccia marina sottomarina. Sarebbero passate ore prima che il Feland potesse tornare abbastanza vicino a Betio e lanciare i gommoni e il rimorchiatore Higgins. Questi carri armati leggeri erano ora tra i pochi oggetti critici non caricati nei trasporti perché si trovavano nel fondo delle stive di carico. Durante le prime trentacinque ore dello sbarco, le cattive pratiche di carico avevano ulteriormente rimescolato tutti i rifornimenti e le attrezzature nei ponti intermedi. Ci vorrebbero ore per svuotare i serbatoi e caricarli a bordo.

Frustrato dai lunghi ritardi, Shoup inviò un messaggio al 1345, chiedendo dei lanciafiamme. Voleva disperatamente che l'1/6 a terra iniziasse il loro attacco. Il colonnello Shoup e il suo piccolo staff erano continuamente frustrati da problemi di supporto logistico. La sua squadra ha organizzato uomini per spogliare i morti di borse di pronto soccorso, borracce e munizioni e ha organizzato una festa a terra per creare una falsa testa di ponte alla fine del molo.

Il principale ufficiale di controllo a bordo del dragamine, Pursuit, il capitano McGovern, alla fine ha portato l'ordine assumendo uno stretto controllo su tutte le forniture di scarico. Ha usato gli LVT sopravvissuti per mantenere la navetta delle vittime in movimento verso il mare e portare tutti gli oggetti critici dalla testa del molo alla spiaggia.

Questo compito è stato portato a termine da uomini che non dormivano da giorni e lavoravano sotto il costante fuoco nemico.

Marea di battaglia

La gestione delle vittime è stato il problema logistico più urgente su D+1. La 2a Divisione Marine è stata servita eroicamente dai suoi soldati e medici della Marina. Oltre novanta di questi medici specialisti sono stati vittime dei combattimenti a terra.

Il tenente Herman Brukhardt ha istituito un pronto soccorso in un bunker giapponese catturato. Alcuni degli ex occupanti presero vita, sparando con i loro fucili più di una volta. Ma, in oltre trentasei ore e in condizioni brutali, tenente. Brukhardt ha curato 126 feriti, perdendone solo quattro.

Le vittime furono dapprima evacuate nelle lontane navi truppe. Poiché un lungo viaggio era così pericoloso e dispendioso delle poche barche LVT o Higgins disponibili, i Marines iniziarono a consegnare vittime al cacciatorpediniere Ringgold nella laguna. Anche se la sua infermeria era stata distrutta da un proiettile giapponese da 5 pollici durante il D-Day, il cacciatorpediniere ha comunque sparato attivamente in missioni di supporto e ha accettato dozzine di vittime.

L'ammiraglio Hill ha inviato la nave da truppa, Doyen, nella laguna all'inizio del D+1 per essere utilizzata come nave ricevente critica primaria. Il tenente comandante Oliver ha guidato una squadra chirurgica di cinque uomini con recente esperienza di combattimento dalle isole Aleutine. In tre giorni, la squadra di Oliver ha curato oltre 550 Marines feriti. Nelle sue stesse parole:

> *"Avevamo finito il pentatolo di sodio e dovevamo usare l'etere. Se una bomba ci avesse colpito, Doyen avrebbe fatto saltare in aria la faccia del pianeta".*

Anche i cappellani della Marina lavoravano duramente ovunque i Marines stessero combattendo a terra. Avevano un lavoro straziante: amministrare gli ultimi riti ai moribondi, consolare i feriti e pregare per le anime dei morti prima che il bulldozer venisse a coprire i corpi dall'implacabile sole tropicale.

Le sorti della battaglia si spostarono ora verso gli americani verso la metà del pomeriggio il D+1. Mentre i combattimenti erano ancora intensi e il fuoco giapponese micidiale, i Marines sopravvissuti si stavano muovendo. Non più bloccato in punti pericolosi, tenente colonnello. Gli obici di Rixey hanno dato una nuova definizione di supporto al fuoco ravvicinato. Le scorte di acqua dolce e munizioni sono state migliorate. Il morale stava crescendo. Le truppe sapevano che il 6° Marines sarebbe arrivato presto. LtCol. Rixey in seguito scrisse:

"Pensavo fino alle 1300 di oggi che si toccava e si va, dopodiché sapevo che avremmo vinto".

La disperazione si diffuse tra i difensori giapponesi. Mentre avevano abbattuto i Marines ogni volta che potevano, un altro sarebbe apparso al suo posto: fucile in fiamme, ben supportato da cannoni navali e di artiglieria. Il grande Piano Yogaki giapponese è stato un fallimento. Solo pochi aerei nemici avrebbero attaccato l'isola ogni notte. I trasporti americani non furono mai seriamente minacciati e la flotta giapponese non si unì mai alla battaglia. Le truppe giapponesi iniziarono a suicidarsi piuttosto che rischiare di essere catturate.

Il colonnello Shoup ha notato il cambiamento di slancio. Nonostante la sua frustrazione per i problemi di comunicazione e i ritardi, era di buon umore. Inviò un rapporto sulla situazione al generale Smith alle 16:00, con una famosa ultima riga:

"Vittime: tante. Percentuale di morti: sconosciuta. Efficienza in combattimento: stiamo vincendo"

Al 1655, il 2/6 sbarcò a Bairiki contro una leggera opposizione. Durante la notte, il 2/10 è atterrato sulla stessa isola e ha iniziato a sparare con i suoi obici. Il centro di direzione del fuoco di Rixey su Betio ha aiutato questo processo. L'osservatore di artiglieria in avanti, attaccato al 2/8 di

Maj. Crowe su Red Beach One, ha regolato il fuoco dei cannoni Bairiki su cui si era esercitato in Nuova Zelanda. Il generale Smith ha finalmente piazzato l'artiglieria su Bairiki.

Nel frattempo, l'1/6 era finalmente in movimento. Dopo una giornata di molte false partenze, i Marines si prepararono per un assalto all'estremità orientale di Betio, dove il generale Smith cambiò la loro missione in Green Beach. Quando finalmente il Feland tornò entro un raggio ragionevole, i Marines 1/6 finalmente sbarcarono. Hanno usato le tattiche sviluppate con la Marina durante le prove su Efate. Gli uomini sono stati caricati a bordo della barca di Higgins, che ha rimorchiato il loro gommone fino alla spiaggia. I Marines si imbarcarono a bordo delle zattere con un massimo di dieci truppe per imbarcazione e iniziarono la pagaia di 1.000 iarde verso Green Beach.

Maggiore "Willie K." Jones, comandante dei Marines 1/6, in seguito osservò che non si sentiva "l'ammiraglio della flotta dei preservativi", mentre aiutava a remare la sua zattera verso la riva. Notò che il suo battaglione era sparso sull'oceano da un orizzonte all'altro. Il maggiore Jones era allarmato dalla frequente comparsa di mine anti-barca ormeggiate alle teste di corallo sotto la superficie, mettendo in pericolo i suoi 150 gommoni.

Le sue zattere passarono sopra le miniere senza incidenti. Jones aveva anche due LVT che accompagnavano la sua nave verso la costa, ciascuno precaricato con razioni, munizioni, acqua, forniture mediche e apparecchiature radio di riserva. Mentre veniva guidato dalle zattere, uno degli LVT arrivò a terra, ma il secondo andò alla deriva in una mina che fece saltare il veicolo pesante per tre metri in aria, uccise la maggior parte dell'equipaggio e distrusse tutti i rifornimenti. È stata una perdita grave ma non critica. La forza di sbarco non ha subito altre vittime venendo a terra, grazie agli uomini del maggiore Ryan. Il battaglione di Jones fu il primo ad atterrare intatto su Betio.

Era già buio quando il maggiore Jones assunse le sue posizioni difensive dietro le linee del maggiore Ryan. I carri armati leggeri della compagnia B continuarono il loro tentativo di sbarcare a Green Beach. A causa dell'alta risacca e della distanza tra la barriera corallina, la spiaggia ha ostacolato lo sforzo di atterraggio. Mentre un plotone di sei carri armati alla fine raggiunse la spiaggia, il resto della compagnia spostò le sue barche verso il molo e lavorò tutta la notte per sbarcare su Red Beach Two. I 3/6 Marines sono rimasti a galla nelle barche di Higgins al di là della barriera corallina per una notte scomoda.

Quella sera il colonnello Shoup si rivolse al corrispondente di guerra Robert Sherrod e disse:

"Stiamo vincendo, ma a quei bastardi sono rimaste molte pallottole. Penso che dovremmo ripulire tutto domani"

Dopo il tramonto, il generale Smith mandò a terra il colonnello Edson per comandare tutte le forze Betio e Bairiki. Il colonnello Shoup aveva svolto un lavoro magnifico, ma era giunto il momento che il colonnello anziano prendesse il comando. Edson aveva due battaglioni di artiglieria e otto battaglioni di fanteria rinforzata schierati sulle due isole. I Marines 3/6 dovevano atterrare presto su D+2. Praticamente tutti gli elementi di combattimento e di supporto della 2a Divisione Marine sarebbero stati ora schierati.

Il colonnello Edson trovò il posto di comando di Shoup alle 2030. Salutò il guerriero dal torace a botte ancora in piedi, smunto e sudicio ma pieno di lotta. Il colonnello Edson prese il comando e permise al colonnello Shoup di concentrarsi sulla propria squadra di combattimento rinforzata, e iniziarono a fare piani per la mattina successiva.

Anni dopo, il generale Julian Smith ha ripensato al giorno cruciale del 21 novembre 1943 e ha scritto:

"Abbiamo perso fino a quando non abbiamo vinto. Molte cose sono andate storte e i giapponesi ci hanno inflitto gravi perdite, ma da quel momento in poi la questione non è stata più in dubbio a Tarawa."

D+2 a Betio

Il corrispondente di guerra Keith Wheeler del Chicago Daily News ha inviato questo dispaccio da Tarawa su D+2:

"Sembra che i Marines stiano vincendo su questa piccola isola intrisa di sangue, martellata da una bomba e puzzolente".

Il piano di attacco del colonnello Edson su D+2 era di far attaccare i Marines 1/6 verso est lungo la spiaggia sud e collegarsi con 1/2 e 2/2. Ha emesso i suoi ordini di attacco alle 04:00 e ha attaccato l'1/8 ai Marines della 2a divisione. Dovevano attaccare alla luce del giorno a ovest lungo la spiaggia nord ed eliminare tutte le sacche di resistenza giapponesi tra Red Beach One e Two. Dopodiché, l'1/8 avrebbe continuato l'attacco a est.

Edson organizzò il supporto aereo e gli spari navali per colpire l'estremità orientale dell'isola a intervalli di venti minuti per tutta la mattinata. I 3/6 Marines erano ancora imbarcati sulla linea di partenza e avrebbero atteso la chiamata del colonnello Shoup a Green Beach.

La chiave del successo di questo piano fu un attacco verso est da parte di truppe fresche della squadra di sbarco del Mag. Jones. Il colonnello Edson non poteva aumentare l'1/6 su nessuna rete radio e inviò il suo assistente ufficiale delle operazioni di divisione, il maggiore Tompkins, per consegnare l'ordine di attacco di persona a Jones. L'odissea del maggiore Tompkins dal posto di comando a Green Beach ha richiesto più di tre ore. È stato quasi colpito, più volte, da cecchini giapponesi e nervose sentinelle americane. La rete radio ha ripreso a funzionare poco prima che Tompkins raggiungesse i Marines 1/6. Il maggiore Jones in seguito scrisse di non aver mai detto a Tompkins che aveva già ricevuto l'ordine di attacco quando arrivò il messaggero esausto.

Il Mag. Hays ha prontamente lanciato il suo attacco alle 07:00 su Red Beach Two. Ha attaccato verso ovest su un fronte di tre compagnie. I suoi ingegneri usarono siluri Bangalore e cariche a cartella per neutralizzare molte posizioni giapponesi nell'entroterra. Ma i capisaldi lungo il rientrante erano un micidiale e vero vespaio. I carri armati leggeri dei Marines effettuarono coraggiosi attacchi frontali contro le fortificazioni giapponesi. I carri armati hanno sparato a bruciapelo con i loro cannoni da 37 mm contro le fortificazioni giapponesi, ma erano inadeguati per il compito. Un carro armato è stato distrutto a causa del fuoco nemico e gli altri due si sono ritirati. Il Mag. Hays ha chiesto una sezione di semicingolati da 75 mm. Un semicingolato andò perduto all'istante, ma gli altri usarono i loro cannoni più massicci con notevole vantaggio.

Il fianco sinistro e le compagnie centrali si curvarono dietro i principali capisaldi giapponesi, tagliando fuori il nemico dal resto dell'isola. Lungo la spiaggia, l'avanzamento è stato misurato in metri. Un piccolo gruppo giapponese tentò una sortita dai punti forti contro le linee della Marina. Ora i marines hanno finalmente ricevuto obiettivi reali allo scoperto: hanno abbattuto i giapponesi in breve tempo.

Il Mag. Jones fece i suoi ultimi preparativi per l'assalto a est su Green Beach, con i Marines 1/6. Aveva accesso a diversi carri armati leggeri disponibili dal plotone sbarcato la sera prima. Il Mag. Jones preferiva l'efficacia dei carri armati medi e prese in prestito da Ryan due Sherman medi segnati dalla battaglia per l'assalto. Il Mag. Jones ordinò ai carri armati di non oltrepassare i cinquanta metri dalla sua compagnia di testa. Si tenne personalmente in contatto radio con il comandante del carro armato. Jones assegnò un plotone di mitragliatrici raffreddate ad acqua calibro .30 a ciascuna compagnia di fucili e attaccò ingegneri di combattimento con lanciafiamme e squadre di demolizione. A causa della natura del terreno e della necessità di tenere alla larga il battaglione del maggiore Hays, Jones limitò il suo attacco a una zona di appena un centinaio di metri di larghezza. Nelle sue parole:

"Questa è stata una delle tattiche più insolite di cui avessi mai sentito parlare. Mentre mi spostavo a est su un lato dell'aerodromo, Larry Hays si spostava a ovest di me, esattamente di fronte."

Il piano del Mag. Jones è stato ben eseguito. Aveva il vantaggio di una nuova unità tattica in atto con braccia di supporto integrate. La squadra di sbarco dei Marine 1/6 fece rapidi progressi lungo la costa meridionale, uccidendo oltre duecento difensori giapponesi. Le perdite americane a questo punto furono scarse, e raggiunse le linee sottili tenute dalla 2/2 e dalla 1/2 in meno di tre ore.

Il colonnello Shoup chiamò il maggiore Jones al suo posto di comando alle 1100 per informarlo sul piano d'azione pomeridiano. L'XO del maggiore Jones, il maggiore Francis Beamer, doveva prendere e sostituire la compagnia di fucili principale. La resistenza nemica si era irrigidita e il comandante della compagnia era appena stato colpito e ucciso da un cecchino. Il caldo opprimente stava mettendo a dura prova i Marines. Mentre Beamer faceva sforzi sovrumani per ottenere più compresse di sale e acqua per i suoi uomini, molte delle sue truppe erano cadute ed erano diventate vittime di un colpo di calore. Il primo sergente Lewis Michelony in seguito scrisse:

"Le sabbie di Tarawa erano bianche come la neve e calde come le ceneri bianche rosse di una fornace riscaldata".

A Green Beach, a soli 800 metri dietro i Marines 1/6, la squadra di sbarco dei Marines 3/6 è arrivata a riva. Sebbene l'atterraggio abbia richiesto diverse ore per essere eseguito, non è stato contestato. Solo nel 1100 gli elementi principali del Magg. Jones si sono collegati con i 2nd Marines prima che il 3/6 fosse completamente stabilito a terra.

L'ordine di attacco dell'8° Marines era lo stesso del giorno precedente: attaccare i punti forti giapponesi a est. Questi ostacoli erano altrettanto difficili su D+2. Tre delle fortificazioni giapponesi erano particolarmente formidabili:

1. Un fortino d'acciaio vicino al molo conteso

2. Un grande rifugio a prova di bomba nell'entroterra

3. Una postazione di tronchi di cocco con più mitragliatrici

Tutti e tre gli ostacoli erano stati progettati dall'ingegnere capo, l'ammiraglio Saichiro. Questi capisaldi, reciprocamente supportati dal fuoco e dall'osservazione, avevano effettivamente contenuto le forze marine combinate del 3/8 e del 2/8 dall'assalto al D-Day.

Il Mag. Crowe riorganizzò le sue forze stanche in un altro assalto. L'ex istruttore di tiro ha tirato fuori lattine di olio lubrificante e ha fatto spogliare e pulire le sue truppe sul campo prima dell'attacco. Crowe mise il suo battaglione XO, il maggiore William Chamberlin, al centro dei tre attaccanti. Chamberlin era un ex professore di economia al college e non era meno dinamico del suo comandante dai baffi rossi. Ancora alle prese con una dolorosa ferita alla spalla ricevuta al D-Day, Chamberlin è stato uno dei principali attori nei ripetuti attacchi contro i tre punti di forza giapponesi. 1°Sgt. Michelony in seguito scrisse di Chamberlin:

"Era un uomo selvaggio, un ragazzo che chiunque sarebbe disposto a seguire".

Chamberlin ha preso la sua squadra di mortai e ha segnato un colpo diretto in cima alla postazione di tronchi di cocco alle 09:30. È penetrato nel bunker e ha fatto esplodere le scorte di munizioni. Fu un colpo di grande fortuna per i Marines. Allo stesso tempo, il carro medio Colorado penetrò nel fortino d'acciaio con i suoi cannoni da 75 mm. Ora, due delle tre postazioni sono state invase.

L'enorme rifugio a prova di bomba era ancora letale. Gli attacchi di fianco venivano fatti a pezzi prima che potessero prendere slancio. La soluzione era arrivare in cima al cumulo coperto di sabbia e far cadere granate alla termite o esplosivi lungo le prese d'aria per costringere i giapponesi a uscire. Questo compito formidabile è andato al maggiore Chamberlin e a una squadra di ingegneri da combattimento.

Mitraglieri e fucilieri aprirono un fascio di fuoco contro le porte di fuoco del caposaldo. Chamberlin guidò una piccola banda e corse attraverso le sabbie su per il ripido pendio. I giapponesi sapevano di essere in pericolo di vita. Decine di loro si riversarono fuori dall'ingresso posteriore, attaccando i Marines in cima. Un marine si fece avanti e svuotò il suo lanciafiamme contro i giapponesi in corsa, quindi li caricò con una carabina M1. Il marine è stato ucciso e il suo corpo è rotolato giù per il pendio. Ma altri marines furono ispirati a superare il contrattacco giapponese.

I rimanenti ingegneri di combattimento si precipitarono a piazzare esplosivi contro gli ingressi posteriori. Centinaia di giapponesi demoralizzati scoppiarono nel panico e fuggirono verso est; i marines li hanno fatti a pezzi. L'equipaggio del carro armato ha sparato un proiettile "colpo da sogno". Ha ucciso almeno venti giapponesi.

***

Il coraggio di Maj. Chamberlin ha portato a una medaglia d'onore postuma. Il terzo da assegnare ai Marines su Betio. Il suo sacrificio da solo ha quasi posto fine allo stallo su Red Beach Three. Non è un caso che due di questi premi più alti siano stati ricevuti da ingegneri di combattimento. Il coraggio e il coraggio sotto tiro rappresentavano centinaia di altri ingegneri solo su una base leggermente meno spettacolare. Quasi un terzo intero degli ingegneri da combattimento che sono sbarcati a sostegno del 2/8 sono finiti come vittime. Secondo il Mag. Chamberlin, i suoi ingegneri di combattimento usavano:

> *"Otto casse di tritolo, otto casse di dinamite alla gelatina e due blocchi di tritolo da 54 libbre per distruggere le fortificazioni giapponesi. Gli ingegneri hanno usato un'intera cassa di dinamite ed entrambi i grandi blocchi di tritolo per distruggere da soli il grande rifugio a prova di bomba".*

Strong Resistance

Durante i caotici e omicidi combattimenti nella zona dell'8° Marines, l'ammiraglio Shibasaki è stato ucciso nel suo fortino. L'incapacità dell'inflessibile comandante giapponese di fornire comunicazioni di backup ai cavi fuori terra, che sono stati distrutti durante il bombardamento preliminare del D-Day, gli ha impedito di influenzare la battaglia. Gli archivi imperiali giapponesi hanno mostrato che Shibasaki ha trasmesso un ultimo messaggio a Tokyo la mattina presto del giorno D+2:

"Le nostre armi sono state distrutte. D'ora in poi, tutti tenteranno la carica finale. Possa il Giappone esistere per 10.000 anni".

Il generale Julian Smith è arrivato a Green Beach poco prima di mezzogiorno. Smith conferì con il Mag. Ryan e osservò il dispiegamento dei 3/6 Marines nell'entroterra. Il generale Smith si rese conto di essere molto lontano dall'azione principale verso il centro dell'isola. Tornò al suo mezzo da sbarco e ordinò al timoniere di dirigersi verso il molo. Fu qui che il comandante generale ricevette il suo rude benvenuto a Betio.

I marines 1/8 del Mag. Hays stavano assediando i capisaldi giapponesi al rientro. Ma i difensori giapponesi avevano ancora il controllo sugli approcci alle spiagge rosse uno e due. Il fuoco ben mirato della mitragliatrice dei difensori disabilitò la barca di Smith e uccise il suo timoniere. Gli altri occupanti del suo gruppo hanno scavalcato il parapetto e sono finiti in acqua. Il maggiore Tompkins, l'uomo giusto al posto giusto, ha guadato il fuoco giapponese per mezzo miglio per trovare un altro LVT al generale. Questo LVT attirò il fuoco e ferì il timoniere, allarmando ulteriormente i restanti occupanti. Il generale Smith non raggiunse il posto di comando combinato del colonnello Edson e Shoup fino al 1400.

Nel frattempo, il colonnello Edson aveva radunato i suoi comandanti e dato l'ordine di continuare l'attacco a est quel pomeriggio. I Marines 1/6 continuerebbero lungo la costa meridionale che si restringe, supportati dagli obici e da tutti i carri armati disponibili dal 1/10. Il colonnello Hall avrebbe guidato due battaglioni dell'8° Marines e avrebbe continuato ad avanzare lungo la costa settentrionale. Il supporto aereo e gli spari navali avrebbero fatto esplodere le aree con due ore di anticipo.

Il colonnello Hall ha parlato delle sue squadre di sbarco dei Marine esauste e decimate. Erano stati in contatto diretto ea terra dalla mattina del D-Day. Disse a Edson che le due squadre di sbarco avevano abbastanza forza per un solo altro assalto, e poi dovevano essere sollevate.

Il colonnello Edson ha promesso di scambiare gli esausti 2/8 Marines con i freschi 2/6 Marines su Bairiki alla prima occasione dopo questo assalto.

I Marines 1/6 iniziarono il loro attacco alle 1330. Si imbatterono in una forte opposizione. Hanno preso fuoco mortale da pesanti armi giapponesi montate in postazioni tipo torretta vicino alla spiaggia meridionale. Mentre questo ha richiesto novanta minuti per superare, i carri armati leggeri erano coraggiosi ma inefficaci. Ci volle un fuoco sostenuto da 75 mm, da due carri medi Sherman, per neutralizzare le postazioni giapponesi. La resistenza era feroce in tutta la zona e le perdite dei Marines 1/6 aumentarono. Al mattino avevano conquistato rapidamente ottocento metri di territorio nemico, ma nel lungo pomeriggio avevano raggiunto la metà di quella distanza.

L'8° Marines, dopo aver distrutto i loro tre bunker nemici, all'inizio ha fatto ottimi progressi, ma poi si è esaurito dopo aver superato l'estremità orientale dell'aeroporto. Il colonnello Shoup aveva ragione nella sua stima che i difensori giapponesi, anche se senza leader, avevano ancora un sacco di proiettili e combattevano ancora.

Il Mag. Crowe ha riorganizzato i suoi elementi principali in posizioni difensive per la notte. Ha posizionato una compagnia a nord dell'aeroporto. La fine della pista di atterraggio era coperta dal fuoco, ma senza equipaggio.

Sulla vicina isola di Bairiki, i 2/10 Marines hanno lanciato missioni di artiglieria per supportare il Mag. Crowe. La compagnia B del 2° battaglione medico istituì un ospedale da campo, gestendo l'eccesso di vittime. I 2/6 Marines, ansiosi di entrare in battaglia, aspettarono invano che le barche li spostassero su Green Beach. I mezzi da sbarco erano per lo più non disponibili. Erano pieni di rifornimenti vari mentre i trasporti e le navi da carico continuavano lo scarico generale, indipendentemente dalle esigenze delle truppe a terra. I Navy Seabees su Betio stavano già riparando la pista di atterraggio con i bulldozer, sotto il fuoco nemico. Di tanto in tanto, i marines chiedevano aiuto ai Seabee per sigillare un fastidioso bunker. Un bulldozer sarebbe arrivato e avrebbe fatto il lavoro bene.

I marines e i capispiaggia della Marina sul molo facevano entrare i rifornimenti e i feriti uscivano. Il colonnello Edson ha richiesto un gruppo di lavoro al 1552 per rimuovere i corpi intorno al molo che ostacolavano le operazioni del gruppo a terra. Più tardi quel pomeriggio la prima Jeep scese a terra. Una corsa sfrenata lungo il molo con tutti i cecchini giapponesi rimasti che cercano di sparare all'autista. Il corrispondente di guerra Sherrod ha commentato:

"Se serviva un segno di vittoria certa, è questo. Sono arrivate le jeep".

Uno dei parlanti indiani Navajo del colonnello Hall era stato scambiato per un giapponese e gli avevano sparato. Ciò era dovuto allo sforzo della battaglia prolungata. Un LVT abbandonato e annerito è andato alla deriva a terra pieno di Marines morti. In fondo alla pila c'era un marine ancora vivo. Respiro ancora, dopo due giorni e mezzo di un inferno implacabile. Alzò lo sguardo e ansimò: "Acqua. Versami un po' d'acqua in faccia, d'accordo?"

Shoup, Edson e Smith erano vicini allo sfinimento. Mentre il terzo giorno su Betio era stato un giorno di guadagni spettacolari, i progressi erano terribilmente lenti. E la fine non era in vista. Il generale Smith inviò questo rapporto al generale Hermle, che aveva preso il suo posto nel Maryland:

"Situazione non favorevole per una rapida pulizia su Betio. Le pesanti perdite tra gli ufficiali rendono difficile la leadership. Ancora forte resistenza. Molte postazioni intatte all'estremità orientale dell'isola. I punti forti giapponesi a ovest delle nostre linee del fronte all'interno della nostra posizione non sono stati ridotti. Progresso costoso e lento. L'occupazione completa richiederà almeno cinque giorni in più. I bombardamenti aerei e navali sono di grande aiuto ma non eliminano postazioni".

Il generale Smith prese il comando delle operazioni nel 1930. Aveva settemila marines a terra che combattevano contro mille difensori giapponesi. Le fotografie aeree hanno mostrato che molte posizioni difensive erano ancora intatte sulla coda orientale di Betio. Smith credeva che avrebbe avuto bisogno dell'intero 6th Marines per completare il lavoro. Alle 2100 sbarcò il 6° Marines. Smith ha convocato una riunione per assegnare gli ordini per D+3.

I Marines 3/6 sarebbero passati attraverso le linee dei Marines 1/6 del Mag. Jones per avere un nuovo Battaglione a guidare l'assalto verso est. I marines 2/6 sarebbero atterrati a Green Beach e si sarebbero mossi verso est per supportare i 3/6. Tutti i carri armati disponibili sarebbero assegnati al 3/6. I 2nd Marines del colonnello Shoup, con l'1/8 ancora attaccato, avrebbero continuato ad assaltare i capisaldi giapponesi rientrati. I restanti 8° Marines sarebbero stati trasferiti a Bairiki. Il 4/10 avrebbe fatto atterrare i suoi pesanti cannoni da 105 mm su Green Beach per aumentare la potenza di fuoco dei battaglioni di obici che erano già in azione.

***

I soldati imperiali giapponesi iniziarono feroci contrattacchi durante le notti di D+2 e D+3. Il Mag. Jones credeva che le sue forze esposte sarebbero state l'obiettivo di qualsiasi attacco di Banzai e prese le sue precauzioni. Raccolse i suoi osservatori avanzati di artiglieria e osservatori di controllo del fuoco navale. Jones organizzò il supporto dell'artiglieria da campo a partire da settantacinque iarde dalle sue prime linee fino a 500 iarde fuori, dove gli spari navali avrebbero preso il sopravvento. Il Mag. Jones mise la compagnia A a sinistra della pista di atterraggio e la compagnia B a destra lungo la sponda sud; mentre era preoccupato per il divario di 150 yard attraverso la pista per la compagnia C, si rese conto che non c'era soluzione. Jones ha usato un carro armato per raccogliere scorte di munizioni per armi leggere, granate e acqua da tenere a cinquanta metri dietro le linee.

Nel 1930 iniziò il primo contrattacco giapponese. Cinquanta soldati giapponesi si sono intrufolati negli avamposti del maggiore Jones attraverso una fitta vegetazione e sono penetrati nel confine tra le due compagnie a sud della pista di atterraggio. La forza di riserva del maggiore Jones era composta dai cuochi, dai panettieri e dagli amministratori del suo quartier generale. Contenevano la penetrazione e uccisero molti giapponesi nelle due ore di combattimento ravvicinato. Il fuoco diretto e intenso degli obici dell'1/10 e del 2/10 ha impedito ai giapponesi di rafforzare la loro penetrazione. Entro il 2130, le linee furono stabilizzate e il Mag. Jones collocò una compagnia a cento yarde dietro le sue linee. Tutto ciò che gli era rimasto era una forza composita di quaranta marines.

Alle 23:00, i giapponesi attaccarono di nuovo le linee di Jones. Hanno fatto un forte disturbo di fronte alle linee della compagnia A. Borracce tintinnanti contro i loro elmetti, insulti ai Marines e Banzai urlante, mentre una seconda forza attaccava la Compagnia B in una corsa silenziosa. I Marines respinsero questo attacco ma usarono le loro mitragliatrici, rivelando le loro posizioni. Il Mag. Jones ha richiesto una compagnia completa dal 3/6 per rinforzare i 2nd Marines nella parte posteriore dei combattimenti.

Il terzo attacco è avvenuto alle 03:00. I giapponesi hanno spostato più mitragliatrici da 7,7 mm nei vicini camion distrutti e hanno aperto il fuoco sulle posizioni delle armi dei marine. Il Mag. Jones ha chiesto l'illuminazione del guscio stellare dai cacciatorpediniere nella laguna. Un sergente dei marine si spostò in avanti contro il fuoco in arrivo per lanciare granate nei nidi improvvisati di mitragliatrici. Questo ha fatto il lavoro e ha messo a tacere il campo di battaglia ancora una volta.

Trecento giapponesi lanciarono un attacco frenetico alle 04:00 contro le stesse due compagnie marine. I Marines li respinsero con ogni arma disponibile. I soldati giapponesi sono stati catturati in un micidiale fuoco incrociato dei decimi obici dei marine. Due cacciatorpediniere nella laguna, Sigsbee e Schroeder, si aprirono sui fianchi giapponesi. Ondate di assalitori urlanti hanno subito perdite feroci, ma hanno continuato ad arrivare. Gruppi di uomini bloccati insieme in sanguinosi combattimenti corpo a corpo. Il PFC Jack Stambaugh della Compagnia B ha ucciso tre soldati giapponesi con la sua baionetta prima che un ufficiale lo decapitasse con una spada da samurai. Un altro marine è saltato dentro e ha messo fuori combattimento l'ufficiale giapponese con il calcio del fucile. Il comandante ad interim della compagnia B, il primo tenente Norman Thomas, ha raggiunto il maggiore Jones al telefono da campo e ha detto:

"Li stiamo uccidendo con la stessa rapidità con cui vengono verso di noi, ma non possiamo resistere ancora a lungo. Servono rinforzi"

Il Mag. Jones ha risposto:

"Non li abbiamo. Devi resistere."

I marines hanno perso 42 morti e 114 feriti nei combattimenti selvaggi, ma hanno tenuto. In meno di un'ora era tutto finito. Le armi di supporto non hanno mai smesso di abbattere i giapponesi, attaccando o ritirandosi. Entrambi i cacciatorpediniere svuotarono i loro caricatori di proiettili da 5 pollici. I marines 1/10 hanno sparato oltre 1.400 colpi quella notte. All'alba, i marines hanno contato oltre 200 giapponesi morti entro una cinquantina di metri dalle loro linee. Altri 130 corpi giacevano oltre quel raggio, gravemente mutilati da colpi di arma da fuoco navali e di artiglieria. Altri corpi erano sparsi lungo le linee della Marina. Il maggiore Jones ha dovuto ricacciare indietro le lacrime di orgoglio e dolore mentre seguiva le sue battute. Uno dei suoi Marines lo prese per un braccio e disse:

"Ci hanno detto che dovevamo resistere, e per Dio, l'abbiamo fatto".

Completare il compito

I contrattacchi giapponesi durante le notti tra il 22 e il 23 novembre spezzarono la schiena della loro difesa. Se fossero rimasti nei loro bunker fino alla fine, il nemico avrebbe potuto prendere un maggior numero di vite dei marine. Piuttosto che affrontare un'inevitabile sconfitta, oltre 600 soldati giapponesi scelsero di morire intraprendendo un'azione offensiva notturna.

Dopo i sanguinosi contrattacchi durante la notte, la 2nd Divisione Marine aveva ancora altre cinque ore di duri combattimenti su Betio prima che l'isola potesse essere conquistata. Più tardi nella mattinata il generale Smith ha inviato questo rapporto all'ammiraglio Hill nel Maryland:

> *"Il contrattacco nemico è stato sconfitto in maniera decisiva. La scorsa notte ha distrutto gran parte della resistenza ostile. Aspettatevi l'annientamento completo di tutti i nemici su Betio in questa data. Consiglia a te e al personale di venire a terra per ottenere informazioni sul tipo di resistenza ostile che incontrerai nelle operazioni future."*

Dopo un bombardamento preliminare, le truppe fresche dei Marines 3/6 attraversarono le linee del Magg. Jones e iniziarono il loro attacco a est. Le tattiche d'assalto dei marine erano ora ben perfezionate. I 3/6 Marines fecero rapidi progressi, guidati da carri armati e ingegneri da combattimento con lanciafiamme ed esplosivi ad alto potenziale. Solo un bunker ben armato, lungo la sponda nord, forniva una sostanziale opposizione.

I 3/6 Marines hanno approfittato della fitta boscaglia lungo la sponda meridionale e hanno aggirato l'ostacolo. Hanno lasciato una compagnia di fucili per circondarla e alla fine invaderla. Momentum era con i Marines. Le restanti truppe giapponesi sembravano scoraggiate. Entro il 1300, il 3/6 raggiunse la punta orientale di Betio e inflisse oltre cinquecento vittime giapponesi alla perdita di soli trentaquattro marines.

Il tenente colonnello MacLeod ha inviato un rapporto che riassumeva il crollo dei difensori giapponesi nella zona orientale dopo i loro contrattacchi:

"In nessun momento c'è stata una determinata difesa. Abbiamo usato lanciafiamme e avremmo potuto usarne di più. I carri armati medi erano eccellenti. I carri armati leggeri non hanno sparato un colpo".

Il combattimento più duro del quarto giorno è stato al confine tra Red Beach One e Two. Il colonnello Shoup diresse le forze combinate dell'1/8 e del 3/2 contro il caposaldo rientrante. I giapponesi in queste posizioni erano i più disciplinati e letali dell'isola. In questi bunker, gli artiglieri anti-barca giapponesi avevano completamente interrotto gli sbarchi di quattro diversi battaglioni e avevano quasi ucciso il generale Smith il giorno prima. Gli approcci verso il mare ai capisaldi erano disseminati di corpi rigonfi e di LVT distrutti.

Il Mag. Hays alla fine ricevette i suoi lanciafiamme e iniziò l'attacco con l'1/8 da est, facendo progressi costanti e scrupolosi. Il Mag. Schoettel era ansioso di espiare per quella che potrebbe essere stata percepita come una prestazione poco brillante nel D-Day. Schoettel attaccò e premette l'assalto con truppe del 3/2 da ovest e da sud. Completando il cerchio, il colonnello Shoup ordinò a un plotone di fanteria e due semicingolati da 75 mm di raggiungere la barriera corallina, mantenendo il nemico bloccato dalla laguna.

Gli esausti difensori giapponesi hanno combattuto fino alla fine o hanno commesso hara-kiri. I Marines 1/8 avevano attaccato questo caposaldo fortificato sin dallo sbarco insanguinato la mattina del D+1. In sole quarantotto ore, i Marines 1/8 hanno sparato oltre 55.000 colpi di munizioni per fucili calibro .30. Il vero danno è stato fatto dalle armi speciali degli ingegneri e dal fuoco diretto dei semicingolati da 75 mm. Dopo che i Marines hanno catturato la più grande postazione di casematta di cemento vicino alla spiaggia, hanno potuto avvicinarsi ai restanti bunker in modo più sicuro. Era tutto finito nel 1300.

Quando i combattimenti erano ancora in corso, un aereo da combattimento della Marina atterrò sulla pista di atterraggio di Betio e si spostò attorno ai camion Seabee. I marines si sono precipitati verso l'aereo per stringere la mano al pilota.

***

Alle 1245, l'ammiraglio Hill e il suo staff arrivarono a terra. Gli alti ufficiali di marina furono impressionati dalla grande forza del sistema di bunker giapponese. Si resero conto della necessità di riorganizzare le strategie di bombardamento. L'ammiraglio Hill ha elogiato i Marines per aver effettuato un simile sbarco e ha chiamato Betio una "piccola Gibilterra".

Quando il colonnello Shoup riferì al generale Smith che gli obiettivi finali erano stati raggiunti, Smith condivise l'eccellente notizia con l'ammiraglio Hill. Insieme, avevano lavorato insieme per ottenere questa vittoria. Hanno redatto un messaggio all'ammiraglio Turner e al generale Holland Smith annunciando la fine della resistenza organizzata su Betio.

Furono organizzati gruppi di lavoro per identificare i morti. Molti dei corpi erano così gravemente frantumati o bruciati che era difficile distinguere tra amici e nemici. Il fetore e il decadimento della morte erano travolgenti. Il corrispondente di guerra Robert Sherrod ha scritto:

> *"Betio sarebbe più abitabile se i marine potessero partire per qualche giorno e i milioni di poiane che volteggiano sopra di loro potessero finire il loro lavoro."*

I cappellani hanno accompagnato le squadre di sepoltura dotate di bulldozer. Il personale amministrativo ha lavorato diligentemente per preparare elenchi precisi delle vittime. Si prevedevano ancora più vittime nelle operazioni di rastrellamento sulle isole circostanti, inclusa

Apamama, nota anche come Abemama Atoll. È stato emesso un rapporto angosciante secondo cui mancavano oltre cento marines. Le maree mutevoli hanno spazzato via in mare molti corpi delle truppe d'assalto. Uno dei primi piloti a terra ha riferito di aver visto decine di cadaveri galleggianti a miglia di distanza all'orizzonte.

I difensori giapponesi furono quasi annientati nella battaglia. I Marines, supportati dall'aviazione delle portaerei, dagli spari navali e dalle unità dell'Aeronautica Militare, hanno ucciso il 98% delle 4.836 truppe nemiche stimate su Betio durante l'assalto. Solo diciassette soldati giapponesi furono fatti prigionieri. L'unico ufficiale giapponese catturato nel combattimento era Kiyoshi Ota. Un alfiere trentenne della 7° Sasebo Special Landing Force, di Nagasaki. Il guardiamarina Ota ha raccontato che la guarnigione giapponese si aspettava sbarchi lungo i settori sud-ovest invece che sulle spiagge settentrionali. Credeva anche che la barriera corallina avrebbe protetto i difensori giapponesi durante la bassa marea.

Significato di Tarawa

L'alto costo della battaglia per Tarawa fu duplice: le vittime dei marine nell'assalto, seguite dalla disperazione e dallo shock della nazione dopo aver ascoltato i rapporti di battaglia. All'inizio, i guadagni sembravano piccoli. La "piccola isola puzzolente" di Betio distava ottomila miglia da Tokyo. Ma le lezioni pratiche apprese nella complessità dell'assalto anfibio superarono l'iniziale indignazione pubblica.

Le cifre delle vittime per la 2a Divisione Marine e per l'Operazione Galvanic furono 3.407. C'erano 1.027 marines e marinai morti. Altri 88 marines erano dispersi e presunti morti, e 2.292 marines e marinai feriti. La campagna di Guadalcanal è costata un numero simile di vittime dei marine, ma si è diffusa su sei mesi.

Le perdite di Tarawa sono avvenute in 76 ore. Il rapporto tra morti e feriti a Tarawa era eccessivo e rifletteva la ferocia dei combattimenti. Complessivamente, le vittime tra i Marines impegnati nello scontro furono di circa il 19%. Un prezzo alto ma accettabile. Molti battaglioni hanno subito perdite molto più elevate. Il 2° Battaglione Trattori Anfibi perse metà dei suoi uomini. Questo battaglione perse anche 35 dei 125 LVT su Betio.

I titoli di "The Bloody Beaches of Tarawa" hanno allarmato il pubblico americano. Questo è stato in parte opera dei Marines. Molti corrispondenti di combattimento furono invitati per l'Operazione Galvanic. Avevano condiviso il peggio di ciò che Betio aveva da offrire nelle prime trentasei ore. Hanno riferito solo ciò che avevano osservato. Sergente marino. James Lucas, il cui resoconto dei combattimenti ricevette una copertura in prima pagina sia sul New York Times che sul Washington Post il 4 dicembre 1943, lesse:

"Grim Tarawa Defense a Surprise, testimone oculare di rivelazioni di battaglia; I marines sono andati a ridacchiare, per trovare una morte rapida invece di una facile conquista."

Le osservazioni fatte ai media dagli alti marines coinvolti nell'operazione Galvanic hanno fatto ben poco per alleviare le preoccupazioni dell'opinione pubblica. Il generale Holland Smith ha paragonato l'assalto al D-Day alla carica di Pickett a Gettysburg. Il colonnello Edson ha affermato che la forza d'assalto "ha pagato il prezzo più alto in termini di vite umane per metro quadrato" a Tarawa rispetto a qualsiasi altro impegno nella storia del Corpo dei Marines. Il corrispondente di guerra Robert Sherrod ha scritto di aver visto un centinaio di marines uccisi in acqua in cinque minuti su D+1. Non è stato d'aiuto quando il quartier generale del Corpo dei Marine ha aspettato altri dieci giorni dopo la battaglia per rilasciare l'elenco delle vittime.

Le atmosfere a Pearl Harbor e Washington erano tese durante questo periodo. Il generale Douglas MacArthur era ancora amareggiato dal fatto che la 2nd Marine Division fosse stata sottratta al suo Southwest Pacific Command. Scrisse al Segretario alla Guerra e si lamentò che "questi attacchi frontali della Marina, come Tarawa, non erano necessari e rappresentavano un tragico massacro di vite americane".

Le madri americane hanno scritto lettere a centinaia, una accusando l'ammiraglio Nimitz di "aver ucciso suo figlio".

Frank Knox, il segretario della Marina, ha convocato una conferenza stampa in cui ha accusato un "improvviso cambiamento di vento" per aver esposto la barriera corallina e impedire l'atterraggio dei rinforzi. Il Congresso ha avviato un'indagine speciale. Fortunatamente, i marines avevano il generale Vandegrift a Washington come diciottesimo comandante appena nominato. Vandegrift, un veterano altamente decorato e ampiamente rispettato di Guadalcanal, ha rassicurato il Congresso e ha sottolineato che "Tarawa è stato un assalto dall'inizio alla fine".

I rapporti sulle vittime furono meno straordinari di quanto il pubblico americano si aspettasse. In un editoriale del New York Times del 27 dicembre 1943, il giornale completò i Marines per aver superato le sofisticate difese e le zelanti guarnigioni di Tarawa. L'editoriale ha avvertito che eventuali futuri assalti, nelle Isole Marshall, potrebbero essere ancora più mortali:

"Dobbiamo prepararci ora per pagare quel prezzo".

Dopo la guerra, la controversia continuò quando il generale Holland Smith affermò pubblicamente che Tarawa era un errore. L'ammiraglio Nimitz ha risposto dicendo che la cattura di Tarawa ha abbattuto la porta d'ingresso alle difese giapponesi nel Pacifico centrale.

Nimitz ha lanciato la campagna Marshalls solo dieci settimane dopo il sequestro di Tarawa. La foto-ricognizione e l'attacco aereo dagli aeroporti catturati di Apamama e Betio si sono rivelati vitali.

La battaglia per la cattura di Tarawa sarebbe diventata il libro di testo sull'assalto anfibio per guidare e influenzare tutti i successivi sbarchi nel Pacifico centrale. Nimitz riteneva che l'analisi pronta e disinteressata immediatamente successiva a Tarawa fosse di grande valore. Scrisse:

"Dai rapporti analitici dei comandanti e dalle loro valutazioni critiche su ciò che è andato storto, su ciò che necessitava di miglioramenti e su quali tecniche e attrezzature si sono dimostrate in combattimento, è scaturita un'enorme quantità di lezioni apprese"

Molti alti ufficiali in seguito hanno convenuto che la conversione degli LVT logistici in navi d'assalto ha fatto la differenza tra la vittoria e la sconfitta su Betio. Un ulteriore consenso era che gli LVT-1 e LVT-2 utilizzati nell'operazione erano solo marginali contro il fuoco pesantemente difensivo. Gli LVT-1 (Alligatori) avevano bisogno di armamenti più pesanti, motori più potenti, pompe di sentina ausiliarie, serbatoi di gas autosigillanti e tappi di legno delle dimensioni di proiettili da 13 mm. Ancora più importante, dovevano esserci più LVT, almeno 300 per divisione. Il colonnello Shoup voleva mantenere segreto l'uso degli LVT come veicoli d'assalto per l'attraversamento della barriera corallina, ma c'erano troppi giornalisti sulla scena.

Gli spari navali hanno ricevuto recensioni contrastanti. I marines erano entusiasti delle risposte dei cacciatorpediniere nella laguna, ma critici sull'estensione e la precisione del bombardamento preliminare, specialmente quando fu terminato così prematuramente il D-Day. Il Mag. Ryan in seguito scrisse che le carenze significative nell'Operazione Galvanic erano:

"Sopravvalutando il danno che potrebbe essere inflitto a una posizione fortemente difesa da un intenso ma limitato bombardamento navale e non inviando le sue forze d'assalto abbastanza presto dopo il bombardamento".

Il Mag. Schoettel in seguito scrisse che del martellamento che il suo battaglione ricevette dalle postazioni all'interno della diga, avrebbe raccomandato un fuoco diretto contro la spiaggia con cannoni da 40 mm da caccia ravvicinati. I frettolosi incendi di saturazione, ritenuti adeguati dai pianificatori a causa della sorpresa strategica, si sono rivelati praticamente inutili. Qualsiasi assalto anfibio contro atolli fortificati avrebbe bisogno di fuoco sostenuto, mirato e deliberato.

Nessuno poteva mettere in dubbio il coraggio degli aviatori che sostennero l'assalto a Betio. Ma molti si sono chiesti se fossero addestrati e armati adeguatamente per un obiettivo così difficile. La necessità di una più stretta integrazione di tutte le armi di supporto era chiara.

Le comunicazioni durante l'assalto a Betio sono state terribili. Solo l'intraprendenza di alcuni radiotelegrafisti e il coraggio dei singoli corridori hanno mantenuto coerente l'assalto. I marines avevano bisogno di radio impermeabili. La Marina aveva bisogno di una nave comando anfibia dedicata, non a bordo di un grande combattente i cui enormi cannoni mettevano fuori uso le reti radio ad ogni salva. Queste navi comando, le AGC, sarebbero apparse più tardi durante la campagna Marshalls.

Altre revisioni anfibie alla dottrina furono immediatamente promulgate. La priorità dello scarico dei rifornimenti sarebbe diventata la chiamata del comandante tattico a terra, non il comandante della task force anfibia. Betio ha mostrato la necessità fondamentale per i nuotatori subacquei di valutare e segnalare di nascosto le condizioni del surf, della spiaggia e della barriera corallina alla task force prima dell'atterraggio. Questo concetto è stato concepito per la prima volta dal profeta della guerra anfibia Major Earl "Pete" Ellis negli anni '20 e si è rapidamente concretizzato. L'ammiraglio Turner ha creato un nascente UDT (Underwater Demolition Team) per l'assalto delle Isole Marshall.

I Marines hanno anche appreso che i nuovi carri armati medi sarebbero diventati risorse preziose con un adeguato addestramento combinato sulle armi. Il futuro addestramento dei carri armati dovrebbe ora enfatizzare le operazioni integrate di carri armati, ingegneri, fanteria e artiglieria. Le comunicazioni tra carri armati e fanteria avrebbero bisogno di miglioramenti immediati. La maggior parte delle vittime tra i comandanti dei carri armati su Betio derivava da individui che avevano bisogno di smontare dai loro veicoli per parlare con la fanteria all'aperto.

I lanciafiamme a zaino hanno ottenuto l'approvazione universale dei Marines su Betio. Ogni comandante ha raccomandato di aumentare la portata, la quantità e la mobilità di queste armi d'assalto. I suggerimenti erano che le versioni più grandi dovrebbero essere montate su LVT e carri armati, prevedendo l'apparizione di "Zippo Tanks" nelle successive campagne del Pacifico.

Il generale Julian Smith ha riassunto le lezioni apprese a Tarawa con questo commento:

""Abbiamo fatto meno errori dei giapponesi".

Lo storico militare Philip A. Crowl ha scritto nella sua valutazione della battaglia per Tarawa:

"La cattura di Tarawa, nonostante tutti i difetti di esecuzione, dimostrò definitivamente che la dottrina anfibia americana era valida, che anche la fortezza dell'isola più forte poteva essere conquistata".

I futuri sbarchi nelle Isole Marshall utilizzerebbero questa dottrina per raggiungere obiettivi contro obiettivi simili con meno vittime e in meno tempo. I vantaggi dell'operazione Galvanic hanno rapidamente superato i ripidi costi iniziali. Col tempo, Tarawa divenne un simbolo di sacrificio e coraggio sia per i predoni della Marina che per i difensori giapponesi.

Dieci anni dopo la battaglia, il generale Julian Smith ha salutato l'eroismo dei giapponesi che hanno scelto di morire quasi fino all'ultimo uomo. Si è poi rivolto ai suoi amati compagni di bordo della 2a Divisione Marine nella Task Force 53 a Betio:

"Per gli ufficiali e gli uomini, i marines e i marinai, che hanno attraversato quella scogliera, sia come truppe d'assalto, sia per trasportare rifornimenti, o per evacuare feriti, posso solo dire che penserò a loro per sempre con il sentimento del massimo rispetto e riverenza. "

Tarawa oggi

Decenni dopo la seconda guerra mondiale, Tarawa rimane per lo più invariata. Visitando l'isola di Betio, è ancora possibile vedere LVT e carri armati americani distrutti lungo le spiagge, nonché casematte giapponesi in rovina e postazioni di cannoni. Gli imponenti bunker di cemento creati dall'ammiraglio Shibasaki sono ancora in piedi, resistenti al tempo come lo erano ai cannoni navali della Task Force 53. All'inizio del secolo, i nativi dell'isola trovarono un LVT sepolto contenente gli scheletri del suo equipaggio di marine all'interno: uno Marine indossa ancora le sue piastrine.

Nel 1968, il generale David Shoup fu richiamato dal pensionamento al servizio attivo per nove giorni per dedicare un grande monumento a Betio. Ha commemorato il venticinquesimo anniversario del famoso combattimento e in seguito ha dichiarato al National Observer:

"La mia prima reazione è stata che l'isola di Betio si era ridotta molto. Sembra più piccolo ora in pace che in guerra."

Mentre Shoup visitava le fortificazioni in rovina, ha ricordato i combattimenti disperati e selvaggi. Ha riflettuto sul perché le due nazioni hanno speso così tanto per così poco. In settantasei ore di combattimenti, quasi 6.000 americani e giapponesi morirono sulla piccola isola.

Alla fine degli anni '80, l'American Memorial era caduto in rovina. Era in pericolo di essere smantellato per un impianto di celle frigorifere ad uso dei pescatori giapponesi. La 2nd Marine Division Association e il giornalista di Long Beach, Tom Hennessey, hanno iniziato una lunga campagna per raccogliere fondi sufficienti per ottenere un nuovo monumento più stabile. Hanno portato un blocco di granito della Georgia di 9 tonnellate con la scritta "Ai nostri compagni Marines, che hanno dato il massimo". Hanno dedicato questo Memoriale il 20 novembre 1988.

Betio fa ora parte della Repubblica di Kiribati. Le strutture turistiche sono state sviluppate per accogliere il gran numero di veterani che ritornano ogni anno. Secondo l'autore James Ullman, la piccola isola assomiglia ancora a come appariva probabilmente il D-Day quasi 78 anni fa. Ullman ha visitato Tarawa diversi anni fa e ha scritto un elogio funebre:

"Un'ironia familiare è che i vecchi campi di battaglia sono spesso i luoghi più tranquilli e gentili. È stato vero per Gettysburg, Cannae, Austerlitz, Verdun, ed è vero per Tarawa"

Major General Julian C. Smith

L'apice della vita e della carriera del generale Smith fu l'epica battaglia su Tarawa. Al momento dell'operazione Galvanic, Smith aveva cinquantotto anni ed era stato ufficiale del Corpo dei Marines per trentaquattro anni. Era nato a Elkton, nel Maryland, e si era laureato all'Università del Delaware.

Aveva servito all'estero nei viaggi di spedizione in Nicaragua, Panama, Messico, Haiti e Santo Domingo. Laureatosi al Naval War College nel 1917, trascorse la prima guerra mondiale a Quantico, in Virginia, con molti altri ufficiali dei Marine frustrati.

Smith era un allenatore della squadra di fucilieri e un distinto tiratore scelto. Aveva un'esperienza limitata nella FMF (Fleet Marine Force). Ha preso il comando del 5 ° Marines nel 1938 ed è stato ordinato alla 2a Divisione Marine nel maggio 1943.

Il generale Smith si è guadagnato il rispetto dei suoi contemporanei. Sebbene modesto e umile, aveva un cuore combattivo. Il colonnello Ray Murray lo ha descritto come un "buon vecchio gentiluomo di alta fibra morale. Combatteresti per lui."

Smith sapeva cosa aspettarsi dalle alte maree a Betio. Nelle sue memorie scrisse:

"Sono un vecchio tiratore di ferrovie nelle paludi della baia di Chesapeake. Spingi le paludi con l'alta marea e quando hai una bassa marea, non puoi superare le paludi".

Il generale Smith è stato insignito della Navy Cross per i suoi atti eroici in Nicaragua e della Distinguished Service Medal per le sue azioni su Tarawa. Sebbene l'equilibrio della sua carriera fosse insignificante, si ritirò nel 1946 come tenente generale e morì all'età di 90 anni nel 1975. Apprezzò le sue esperienze su Tarawa. In una delle sue ultime lettere scrisse:

"Sarà sempre una fonte di suprema soddisfazione e orgoglio poter dire che ero con la 2a Divisione Marine a Tarawa".

Colonel David M. Shoup

David Shoup portava un quaderno da campo durante la battaglia di Tarawa. Questo passaggio ci dà uno sguardo sulla sua personalità enigmatica:

"Se sei qualificato, il destino ha un modo per portarti nel posto giusto al momento giusto, anche se a volte sembra essere una lunga, lunga attesa."

Un ragazzo di campagna di Battle Ground, nell'Indiana, la combinazione di tempo e luogo ha giovato a Shoup in due occasioni importanti: a Tarawa 1943 e come Pres. La selezione di Eisenhower per nominarlo 22° Comandante del Corpo dei Marines nel 1959.

Il colonnello Shoup era un ufficiale della marina dal 1926 e aveva trentotto anni durante la battaglia di Tarawa. A differenza dei suoi pittoreschi contemporanei, Shoup aveva un'esperienza limitata come comandante e solo una breve esposizione al combattimento. Quando Tarawa arrivò, Shoup era un giovane colonnello della 2nd Divisione Marine. Ha comandato otto squadre di sbarco di battaglioni durante alcuni dei combattimenti più selvaggi della seconda guerra mondiale.

Il corrispondente di guerra Robert Sherrod in seguito scrisse delle sue impressioni sul colonnello Shoup in viaggio verso Betio:

"Questo colonnello Shoup era un personaggio interessante. Un uomo tozzo, dalla faccia rossa e dal collo toro. Era un irriducibile, profano urlatore di ordini. Ha portato il fardello più grande su Tarawa"

Shoup era venerato dai suoi contemporanei come un "Marine's Marine". Il sergente Edward Doughman ha servito con Shoup in Cina e su Tarawa. Lo ha descritto come "il marine più intelligente, nervoso e il miglior soldato che abbia mai incontrato". Shoup aveva la reputazione di essere il giocatore di poker più formidabile dell'intera divisione a causa dei suoi occhi che sembravano "due buchi bruciati in una coperta".

La citazione della Medal of Honor del colonnello Shoup riflette la sua forza di carattere:

"All'arrivo a riva, assunse il comando di tutte le truppe sbarcate e lavorò con il resto sotto il costante fuoco nemico. Durante i due giorni successivi, condusse attacchi devastanti contro posizioni giapponesi incredibilmente forti e fanaticamente difese, nonostante le pesanti perdite e gli innumerevoli ostacoli"

Shoup era un uomo filosofico. Nel suo taccuino da campo del 1943, ci ha dato alcune delle sue introspezioni:

""Mi rendo conto di essere solo un po' la pula delle trebbie della vita soffiata nelle pagine della storia dai venti sconosciuti del caso."

David Shoup visse fino all'età di 78 anni, morendo il 13 gennaio 1983. Fu sepolto al cimitero nazionale di Arlington.

Incidente su D+3

L'ultimo giorno di combattimento sull'isola di Betio è costato 1stSgt. Lewis Michelony il suo olfatto. Michelony era un veterano di combattimento di Guadalcanal, un membro dei Marines 1/6 e un ex campione di boxe della flotta atlantica. Più tardi, durante la guerra del Pacifico, ricevette due stelle d'argento per il cospicuo coraggio. Ma su D+3, è quasi morto.

Michelony era con altri due marines in una pattuglia di routine nell'area a est di Green Beach. Hanno cercato posizioni per assegnare il plotone mortaio battaglione. Le compagnie di fanteria avevano sgomberato l'area la mattina precedente. Altri marines erano passati attraverso il complesso di bunker giapponesi apparentemente vuoti senza incidenti. La radura era disseminata di corpi giapponesi e di attrezzature nemiche abbandonate. I tre marines lanciarono granate nel primo bunker e non trovarono risposta. Tutto era tranquillo.

Poi, dal nulla, si è scatenato l'inferno. Il bunker anteriore ha aperto il fuoco con una mitragliatrice, le granate hanno salutato. In un istante, un marine morì; il secondo fuggì, lasciando 1stSgt. Michelony a faccia in giù nella sabbia. Michelony si tuffò nel bunker più vicino, ruzzolò attraverso un ingresso posteriore e atterrò in quella che pensava fosse una pozza d'acqua. La luce fioca del bunker mostrava che era una combinazione di urina, sangue e acqua. Era un misto di cadaveri giapponesi e di alcuni vivi. Sputò in bocca il liquido schifoso e si rese conto che c'erano ancora giapponesi vivi tra i morti e in decomposizione. Il sapore, l'odore e la paura che ha provato all'interno di quel bunker lo hanno quasi sopraffatto. Nelle sue stesse parole:

"In qualche modo sono riuscito a uscire. Fino ad oggi, non so come. Sono strisciato fuori da quel pozzo nero, gocciolante. Il sole ha asciugato le mie utenze come se fossero state pesantemente inamidate. Ma puzzavano ancora. Per mesi dopo, potevo ancora assaggiare, annusare e visualizzare quella scena."

Cinquant'anni dopo, un sergente maggiore in pensione Michelony non aveva ancora l'olfatto.

Forze da sbarco navali speciali giapponesi

Il primo incontro su larga scala tra i marines statunitensi e le forze speciali di sbarco navali giapponesi fu a Tarawa. Il personale della divisione aveva avvertito che "le unità navali di questo tipo erano più altamente addestrate e avevano una tenacia e uno spirito combattivo più notevoli rispetto all'unità media dell'esercito giapponese". Ma anche i marines furono sorpresi dalla ferocia dei difensori su Betio.

I marines imperiali giapponesi si sono guadagnati il rispetto dei loro omologhi del Corpo dei Marines degli Stati Uniti per la loro disciplina, abilità di tiro e competenza con le armi pesanti. L'SNLF eccelleva nella leadership di piccole unità, nel coraggio e nella volontà di morire fino all'ultimo uomo. Il Mag. Jones, che comandava i Marines 1/6, aveva ingaggiato più nemici in combattimento corpo a corpo su Betio di qualsiasi altra unità. In seguito scrisse:

"Questi giapponesi erano piuttosto duri, ed erano grandi, tutti e sei piedi, i giapponesi più grandi che avessi mai visto. Il loro equipaggiamento era eccellente e sono state trovate molte eccedenze, comprese grandi quantità di munizioni.."

Nei primi anni della guerra, i giapponesi usavano frequentemente il loro SNLF. Nel 1941 una forza di 5.000 uomini sbarcò a Guam e altri 450 furono usati per assalire l'isola di Wake. Un piccolo distaccamento di 113 fu la prima unità di rinforzo giapponese a sbarcare a Guadalcanal, dieci giorni dopo lo sbarco americano.

Le forze navali speciali da sbarco hanno dato una feroce resistenza agli sbarchi della 1a Divisione Marine su Tulagi all'inizio della campagna di Guadalcanal. Un'unità tipica composta da tre compagnie di fucilieri, potenziata da cannoni antiaerei e anti-barca, difesa costiera, unità di artiglieria da campo e truppe di lavoro, ed era comandata da un capitano di marina.

I difensori giapponesi su Betio usavano mitragliatrici leggere da 7,7 mm. Hanno integrato queste armi nel loro sistema di difesa fortificato di oltre 500 fortini, fortini e altri piazzamenti. La maggior parte dei marines ha affrontato l'M93 giapponese durante i loro sbarchi sulla costa settentrionale. Era una mitragliatrice pesante da 13 mm, antiaerea e anti-barca. Su molte postazioni di dighe marine, queste armi mortali fornivano fuoco di fianco lungo gli ostacoli della barca e gli intrecci di cavi.

L'ammiraglio Shibasaki organizzò la sua resistenza su Betio per "una difesa decisiva complessiva sulla spiaggia". Le sue truppe combatterono con grande coraggio e valore.

Dopo settantasei ore di combattimenti selvaggi, 4.690 uomini giacciono morti. Dei 146 prigionieri catturati, la maggior parte erano lavoratori coreani arruolati.

Solo diciassette soldati giapponesi feriti si arresero.

I cannoni di Singapore

I media mondiali hanno affermato che i quattro cannoni navali da 8 pollici usati come cannoni di difesa costiera dai giapponesi sono stati catturati dagli inglesi alla caduta di Singapore.

Lo scrittore britannico William Bartsch visitò Tarawa nel 1977. Scrivendo nella sua rivista, After the Battle, Bartsch esaminò ciascuna delle quattro pistole e scoprì i segni che indicavano la fabbricazione da parte della Vickers, una compagnia britannica di ordigni. La società Vickers ha presentato a Bartsch la documentazione che i quattro cannoni facevano parte di una partita di dodici cannoni da 8 pollici a fuoco rapido, venduti nel 1905 ai giapponesi durante la loro guerra con la Russia.

Ulteriori indagini presso l'Imperial War Museum hanno rivelato che nessun cannone da 8 pollici è stato catturato dai giapponesi a Singapore. Le armi di Tarawa provenivano da una transazione più antica e molto più legittima con gli inglesi.

I cannoni da 8 pollici che hanno sparato la salva di apertura nella battaglia di Tarawa non erano un fattore nella gara. I precedenti bombardamenti probabilmente hanno danneggiato i loro sistemi di controllo del fuoco. Il rapido fuoco di controbatteria delle corazzate americane ha eliminato i loro grossi cannoni in breve tempo. Il colonnello Shoup ha scritto che la 2a Divisione Marine era pienamente consapevole dei cannoni da 8 pollici su Betio già a metà agosto 1943.

Al contrario, i rapporti dell'intelligence della divisione di Shoup, aggiornati nove giorni prima dello sbarco, escludevano qualsiasi altro rapporto secondo cui le pistole erano da 8 pollici. Hanno insistito sul fatto che probabilmente non erano più di 6 pollici.

Resta il fatto che molti ufficiali della marina sono rimasti spiacevolmente sorpresi di sperimentare quasi incidenti di grosso calibro nell'assalto alla task force anfibia nel D-Day.

Trattori anfibi LVT-2

L'LVT-2, noto anche come Water Buffalo, migliorò il veicolo anfibio iniziale, l'LVT-1, noto anche come Alligator. Un sistema di sospensione ridisegnato, ruote da strada gommate e molle di torsione garantivano una guida più fluida e una migliore stabilità. Il treno di potenza è stato standardizzato con quello del carro leggero M3A1. Ciò ha conferito al Water Buffalo maggiore potenza e maggiore affidabilità rispetto al suo predecessore. Con i gradini a forma di "W", aveva una migliore propulsione a terra e in acqua. A differenza dell'Alligator, il Water Buffalo era corazzato, il che lo faceva pesare molto di più. Il Water Buffalo trasportava 1.400 libbre in meno di carico rispetto all'originale LVT-1, ma proteggeva il suo carico dal fuoco in arrivo.

Nel giugno 1942, il Water Buffalo entrò in produzione ma non vide il combattimento fino a Tarawa nel novembre 1943. I marines usarono una combinazione di LVT-1 e LVT-2 nell'assalto di Betio. Cinquanta LVT usati a Tarawa sono stati modificati a Samoa poco prima della battaglia. Hanno installato piastre della caldaia da 3/8 di pollice intorno alla cabina per una maggiore protezione contro i frammenti di proiettili e il fuoco di armi leggere. Nonostante la perdita di trenta veicoli a causa del fuoco nemico a Tarawa, l'armatura migliorata era promettente e portò all'innovazione di ulteriori LVT corazzati.

L'LVT-2(A), Buffalo II, richiesto dall'esercito degli Stati Uniti, era una versione che ha visto un uso limitato con il Corpo dei Marines. L'LVT-2 (A) aveva una corazza installata in fabbrica sullo scafo e sulla cabina per resistere al fuoco pesante delle mitragliatrici nemiche. Questa versione LVT sembrava identica ai Water Buffaloes tranne che per i portelli blindati dei conducenti. Con la fortificazione corazzata, i Buffalo II potrebbero funzionare come veicoli d'assalto nelle ondate di piombo di uno sbarco anfibio. Quando furono introdotti alle operazioni dei marine sulla Nuova Britannia, questi veicoli anfibi corazzati fornirono un servizio eccellente.

Durante la seconda guerra mondiale furono prodotti oltre 3.000 LVT-2(A) e LVT-2. Questi veicoli da combattimento erano risorse preziose per le squadre di assalto anfibio dei Marine in tutto il Pacifico. Hanno trasportato migliaia di soldati e tonnellate di equipaggiamento. Tuttavia, gli LVT presentavano carenze complessive di progettazione e operative. Ad esempio, i veicoli erano privi di una rampa: tutte le truppe e l'equipaggiamento dovevano essere caricate e scaricate oltre i parapetti. Ciò causava problemi nell'uso regolare ed era pericoloso durante un atterraggio nemico opposto.

Questo sarebbe uno dei fattori principali per sviluppare ulteriormente i trattori anfibi della famiglia LVT durante la guerra.

Serbatoi medi Sherman

La 2a Divisione Marine è stata assegnata a una compagnia di carri armati medi M4-A2 Sherman per l'operazione Galvanic. I quattordici carri armati furono schierati da Noumea nel novembre 1943, a bordo dell'Ashland. Si unirono alla Task Force 53 in rotta verso i Gilbert. Ciascuno di questi carri Sherman con motore diesel da 34 tonnellate era azionato da un equipaggio di cinque persone. Avevano un cannone da 75 mm girostabilizzato e tre mitragliatrici. I marines non hanno avuto l'opportunità di addestrarsi o operare con le loro nuove risorse offensive fino al caos del D-Day su Betio.

I carri armati medi Sherman si unirono all'ondata 5 dell'assalto nave-terra su Betio. I carri armati hanno attraversato il guanto del fuoco giapponese senza incidenti. Cinque sono stati danneggiati quando sono precipitati in crateri nascosti nell'acqua torbida. A terra, la mancanza di esperienza operativa dei Marines con i carri armati medi si è rivelata costosa per gli Sherman rimanenti. I comandanti ordinarono ai carri armati nell'entroterra di attaccare obiettivi di opportunità, senza supporto. Tutti i carri armati tranne due furono rapidamente messi fuori combattimento. Le squadre di salvataggio lavoravano senza sosta ogni notte, smontando i carri armati gravemente danneggiati per mantenere operativi gli altri.

I Marines avevano ora imparato a usare questi carri armati con una squadra integrata di fanteria di copertura e ingegneri. Con queste nuove tattiche, gli Sherman si sono rivelati inestimabili per il sequestro di Green Beach da parte del maggiore Ryan su D+1, gli attacchi su D+2 e l'assalto finale su D+3. All'inizio del combattimento, i cannoni anticarro giapponesi da 75 mm erano mortali per gli Sherman. Ma una volta neutralizzate queste armi nemiche, i difensori non potevano fare altro che sparare al periscopio con il fuoco dei cecchini.

Il colonnello Shoup fu deluso dallo spiegamento sperperato e dalle pesanti perdite degli Sherman nel D-Day, ma fu mitigato da una successiva ammirazione per il loro ruolo tattico a terra. Shoup ha anche scritto che i "cosiddetti carri medi efficaci contro la distruzione, come misura tattica, erano trascurabili nell'operazione". Credeva che nessuno avrebbe dovuto riporre alcuna fiducia nell'eliminazione delle fortificazioni investendole con un carro armato.

I comandanti dei marine concordarono sul fatto che gli Sherman resero obsoleti i loro carri armati leggeri. I carri armati medi erano più facili da sbarcare e avevano una maggiore corazza e potenza di fuoco. Alla fine della guerra, l'industria americana delle ordinanze aveva prodotto oltre 48.000 carri armati Sherman medi per l'uso da parte del Corpo dei Marines e dell'esercito degli Stati Uniti in tutti i teatri di combattimento.

www.ingramcontent.com/pod-product-compliance
Ingram Content Group UK Ltd.
Pitfield, Milton Keynes, MK11 3LW, UK
UKHW040030200726
13854UKWH00001B/448

9 798201 817435